屋宜宣太郎氏近影

1960 年、第 9 次ボリビア移民のみなさん

旭日単光章受章祝賀会を報じた「沖縄タイムス」紙面と写真

ワールド通信員ネット

屋宜さんに旭日単光章

在亜日系社会に貢献

屋宜宣太郎さん（中央）の叙勲受章を祝って、カチャーシーを踊る県人会関係者ら＝在亜沖縄県人連合会館

受章祝い 皆でカチャーシー

@アルゼンチン

【郷田まみ通信員】12月8日、旭日単光章を受章した屋宜宣太郎さん(76)を囲む祝賀会がブエノスアイレスの在亜沖縄県人連合会館で開催された。主催は在亜沖縄県人連合会、在亜宜野座村人会、ボリビア親睦会。沖縄県知事をはじめペルー宜野座村人会、ロサンゼルスの友人、JICAアルゼンチン事務所などからも祝電や祝福の言葉があった。

屋宜さんは、あいさつでこれまで在亜日系社会の五つの団体で理事を務めたことに触れ「皆さまのご理解と協力のたまもの。70代後半で勲章を受章したが、光栄に思うとともに、私の活動はまだまだ終わらないことを自覚しています」と述べた。推薦した在亜日本人会など各団体に礼を述べ、「この受賞を励みにしていきたい」と感謝した。

招待客は祝福の乾杯のあと、ステージ上での演芸とともに食事を楽しんだ。テーブルに並んだ沖縄連合会婦人会手作りのすしやおにぎり、餅とともに、パティオで焼かれたアサード（バーベキューの肉）が人々に配られた。ブルサコ日本人会の子供たちの琉球舞踊に始まり、屋宜さんの親族による歌の披露があった。最後に緑の法被を着た宜野座村人会の人々が宜野座音頭を踊ると、宴もたけなわ、屋宜さん夫妻を囲んで多くの参加者が舞台上へと移動し琉球音楽に合わせて踊りを楽しんだ。

屋宜さんは1975年にコロニア・ラ・カピジャ日本語学校の維持会長就任し、82年にフロレンシオ・バレーラの日本人会会長に就任している。81年から87年まで在亜日本人会の理事を務めた。

叙勲伝達式は11月27日、日本大使公邸で行われ、水上正史大使による祝辞のあと、勲記と勲章が手渡された。在亜日系団体連合会の生垣彬会長も日系社会を代表して祝辞を述べ、屋宜氏は企業家としての実績と同時に、日系社会にも大きな貢献をした「日系社会の手本である」と結んだ。

家族とともに。前列左から３人目が宣太郎氏、一人おいて妻のヨシ子さん

南米大陸55年の道程

屋宜宣太郎の軌跡と移民の現在

目次

第3部　沖縄と南米の可能性

アルゼンチンの主要都市

ボリビアの主要都市とコロニア・オキナワ
(オキナワ村)

南米大陸55年の道程

屋宜宣太郎の軌跡と移民の現在

屋宜宣太郎氏の経歴

１９３８年７月７日　宜野座村字漢那に生まれる
１９６０年　ボリビアへ渡航、サンタクルス州コロニア沖縄第２移住地に入植し農業に従事
１９６４年　アルゼンチンに転住、フロレンシオ・バレラ市具志堅花卉園に就働
１９６６年　同市ラカピージャ区にて花卉栽培業を独立経営（〜78年）
１９６８年　フロレンシオ・バレラ市にて靴販売業に進出（〜現在）
１９７０年　ラカピージャ日本人会会長（〜72年）
１９７３年　中国・台湾製の靴の輸入および販売に進出（〜２００６年）
１９７９年　フロレンシオ・バレラ日本語学校維持会会長（〜80年）
１９８０年　フロレンシオ・バレラ市にてトヨタ車の販売に進出（〜91年）
１９８６年　フロレンシオ・バレラ日本人会会長（〜88年）
１９８８年　チリ、イキケ市にて中古車の輸入と販売に進出（〜91年）
１９８９年　宜野座村人会会長（〜91年）

１９９４年　パラグアイにて製材業、家具製造並びに靴の輸入販売に進出（～２００７年）
１９９６年　ボリビア親睦会会長（～98年）
２００１年　在亜沖縄県人連合会理事（～現在）
２００３年　日本からのディーゼルエンジンの輸入販売に進出（～２００８年）
２００４年　在亜沖縄県人連合会会長（～05年）
２０１１年　沖縄県より感謝状
２０１３年　外務大臣表彰
２０１４年　旭日単光章受章

はじめに

屋宜宣太郎との出会いは半ば偶然であった。昨年（2014年）アルゼンチンに移住している沖縄県系人の〝守り神〟としてシーサーを県民広場入口に建立したいと来県している人がいることを知った。月1回発行しているフリーペーパー「話くわっちー」の表紙・今月の人に登場してもらうため、読谷村在住の彫刻家・金城実アトリエでお会いした。

青年時代、沖縄の社会は混沌としていた。戦争で荒れはてた農地は作物も実らず、勤めに出たタクシー会社では同僚が不当な解雇。友人のため解雇撤回運動や資金カンパに走り、労働運動に目覚めた。一方、米軍は銃剣とブルドーザーで住民の住居や田畑を奪っていた。暗い世相だけで毎日の生活がイヤだった。そんな中、ボリビア移民の説明会が公民館などであった。移住すれば50町歩（15万坪）がもらえる。父母、兄弟は1年前に移住していた。希望を抱き移民船に乗った。待っていたのは苦難だった。

飲み水もなく、住居は天空が見える小屋。電気があるはずはなく、開拓と言葉では言い易いが原生林のジャングル。妻と乳飲み子の3人の苦闘。信じられない生活状況。大きな夢破れて沖縄へ帰国を決意するが、渡航費用がない。アルゼンチンへ渡り、幸運と商才が重なり実業家となる。日系社会への奉仕や福祉活動に深く関わり、日本政府から外務大臣表彰や移民社会が最も栄誉と考える叙勲を受けた。

フリーペーパー紙面で紹介するにはあまりにも荷が重く、万分の一も伝えることが出来なかった。筆者の伯父も3人カナダに移民で渡り、三男の伯父だけが帰って来た。中学の頃は近所の同期生一家がペルーへ呼び寄せ移住し記念写真を撮り送り出した。あの頃、移民は特別なことではなかった。しかし、移民の実状は「苦労している」という断片的な情報だけで、くわしくは知らなかった。それだけに、移民について一般の人々、なかんずく現代の若者たちに是非知ってほしいという思いにかられていた。

フリーペーパー・情報誌を届けた時、思いがけなく「自分史のような本を作りたい。協力してくれ」と頼まれた。70歳を過ぎたころから知人、友人からこれまで生きてきた証を残すようにと再三促がされていたという。屋宜宣太郎というひとりの移民の歴史をふり返えりながら、移民制度とは何だったのか、異国の地に根づいたウチナーンチュの原点とは。それを書きたいと思った。

確かに宣太郎は成功者だ。その裏には表にはあまり出ない妻ヨシ子の涙なしでは語れない働きがある。母親として子供が元気に育つことがこの上ない望みだが、移住地の当初の環境は最悪だった。背におぶった長女は毎日山ガジャン（蚊）の大群に襲われた。花卉栽培で夜も働いていた時、起き出した長男がハイハイで外に出て寒さで動けなくなったこともあった。ヨシ子は昔の事は語りたがらない。

人生に苦労は尽きものだというが、移民社会の苦労と努力の成果は、1世が少なくなった今でしか語れない。

移住地ではいち早く学校を建て、子弟教育に取り組んだが、2世はウチナーグチが日本語と思い込み日本語が話せない。また他府県出身は日本語は自在にしゃべるのに、文字が読めない。南米が不況の折、日本へ出稼ぎに行った若者たちは、1世が移住地で悩まされた言語、文化、風俗習慣の違いを再度体験することになった。

教育面では県内各市町村が、移民子弟の研修制度で多大な効果をあげている。3、4世の欧米化が進む中、研修制度の継続、日本人学校への教師派遣が強く望まれている。また、将来にかけての沖縄と南米との経済交流。県内企業の南米進出。県人の国際的な事業組織であるＷＵＢの活動と活用そして沖縄大交易会との連携の重要さなど、屋宜宣太郎の目から見た提言も興味深い。風雲児・屋宜の生き様は多くの示唆を若者にも与えよう。

第1部　事業編

第1章　ボリビアでの辛苦

■期待と不安

天気は快晴。春にはまだ早い2月だが快い風が吹いていた。屋宜宣太郎（22）、妻ヨシ子（19）、長女初美（生後4カ月）一家は、移民船ルイス号の船上にいた。憧れの南米ボリビア。夢と希望で胸が膨らむ。一方、言語、風習、歴史も知らない異国への旅立ちに「再び帰って来れるか」との不安もあった。

　1954年から始まったボリビア移民は1960年のこの年、第9次を数えていた。沖縄からは23世帯、約140人が乗り込んだ。一世帯5～6人家族だった。

　見送りは親戚、知人、友人でいっぱい。オランダ船籍の全長120メートルもあるルイス号の後方側約60メートルは、色とりどりの投げテープが舞った。異様だったのは見送り3～4百人の一角に米軍の音楽隊が陣取っていた。盛んに軽快なマーチや勇壮な曲を演奏している。鼓舞されるように気持ちが高ぶってくる。反面、米軍が沖縄の農民の土地を無理矢理、接収した結果が集団移住につながった。「してやったり」と米軍は喜んでいるのではとの思いが脳裏をよぎった。

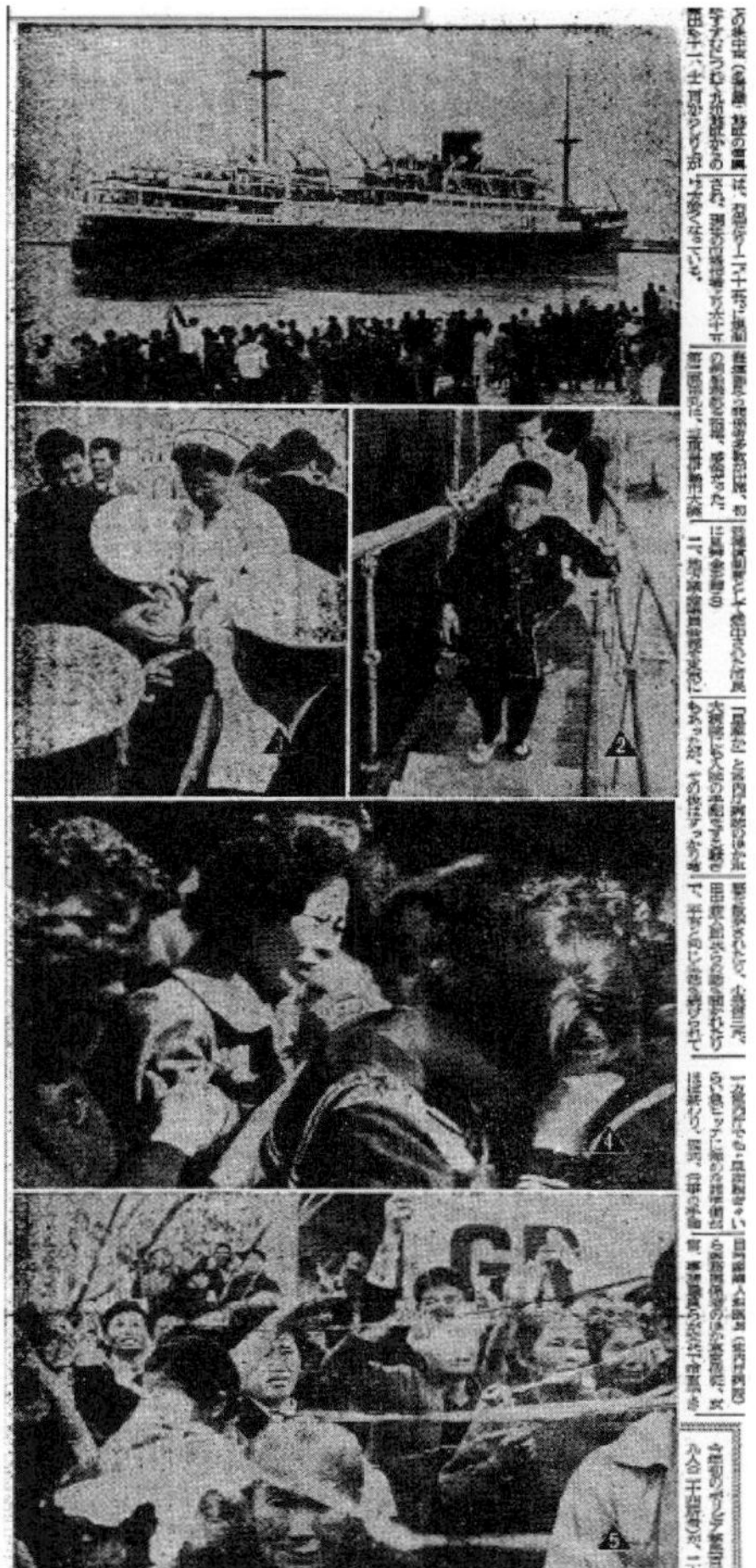
移民船

写真の窓トピック

1960年2月20日那覇港発のボリビア移民とそれを見送る人々の様子を「沖縄タイムス」は1面に写真特集で掲載した（2月21日付夕刊）。24世帯、129人による移民団だった

■米軍の圧政　社会混沌

宣太郎は1938年7月7日、宜野座村字城原で8人兄弟の五男で出生。父宣七は農家で約8千坪の田畑を持っていたが、戦争で荒れはて、山や谷、石灰岩もあり、実用面積は限られていた。宣太郎は中学卒業後、父の農業の手伝いやタクシー乗務員などしたが、父が1959年にボリビアに一家9人で移住し、翌年に呼び寄せで渡航した。

20歳に届こうとする宣太郎青年には、当時の沖縄の社会状況は混沌として、将来に希望が持てる日常ではなかった。米民政府は53年に土地収用令を公布。集落や農地の強制収用に動き出した。54年に地代一括払い発表。55年の伊佐浜土地強制収用は銃剣とブルトーザによる蛮行だった。これに対し県民は「土地四原則」を旗印にして、住民大会を開くなど島ぐるみ闘争が広がっていった。米側が最もイヤがる瀬長亀次郎が那覇市長選挙に当選。米側に市長職を追い払われた瀬長の次の58年選挙では民主主義擁護連絡協議会（民連）の兼次佐一が当選し、米軍の圧政への抵抗が燃え続けた。そして59年、同じく金武湾を擁する石川市の宮森小学校に米軍ジェット戦闘機が墜落炎上。学童11人、近隣住民6人、後遺症で1人が死亡。211人の重軽傷者を出す大惨

1959年、第7次ボリビア移民として渡航する父・宣七さん（前から4列目右から4人目）家族の記念写真

事となった。60年には沖縄祖国復帰協議会が結成された。

■琉球民政府の移民政策

52年に発足した琉球民政府は県民の移住政策に力を入れていた。各地で移住地の説明会や映写会が開かれた。宣太郎の字城原でもあった。8ミリ映写は森林の伐採から焼却、イーマールー（相互扶助）による住居造り。主食のタピオカの栽培方法と収穫。特に収穫には鍬も使わず手で引き抜けるほどの土地の柔らかさに目が奪われた。

何よりも移住すると1区画50町歩（約15万坪）が無料で配分されるという。宣太郎は「羽地ターブックワの全部、金武の大川下流の全域に匹敵する。頑張って開拓すれば個人の財産になる」と心は動いた。1年前に移住した父親からも早く来るよう催促の手紙がきた。

ヨシ子は嫁いで1年余で19歳。生まれたばかりの長女がいる。子供の事を考えると、遠い異国の開拓移民には乗り気がしなかった。戦時中、南洋のテニアンに生まれ、両親を失い姉と生き延びて来た苦労人にとっては、今更ながら労苦が待っているボリビアには行く気がしなかった。育った具志川・兼箇段の親戚たちは「赤ちゃんが大きくなってから行きなさい」とか「子供を預ろう」と言ってくれたが、肉親の情として離れ離れには暮らせないと思った。嫁いで来てから「グシチャーン　チョー　ユーハマヤー（具志川の人は働き者）」と言われてきただけに、10年も頑張れば儲かって帰って来れるだろうと気持ちを切り替えた。涙ながらの決断だった。

■2カ月の楽しい船旅

貨客船の旅は何事もなく過ぎた。むしろ、待遇は良かった。県出身の金城さんと真栄城さんという30代の船員が居て、沖縄では食べたことがないようなごちそうや中華料理を運んでくれた。朝、昼、晩の食事は8人から10人用の丸テーブルで、2家族が席につけた。沖縄もモノがない時だっただけにおいしく楽しんで食べた。

船上では演芸会や運動会、映写会、赤道祭、ボート訓練もあって全然退屈はしなかった。星空を見ながらデッキでの語り合いも楽しかったが、やはり人気は演芸会と運動会。ウチナー芝居も素人が演じるので爆笑の渦。宣太郎もはじめて「戻りかご」に出た。村アシビなどで定番の劇で「カグニィ乗シタル美らイナグゥ」を2人のかご担ぎが女を我が方に引き寄せようと、画策する軽妙なコメディ。宣太郎も何度も見てきたが、イザとなると仲々うまくいかない。相棒と2時間の練習、ぶっつけ本番だったが、笑いと拍手の中ご愛嬌となった。

移民船は日本、香港、シンガポールを経てインド洋に入り、赤道を越えてモーリシャスで水を補給したあと、ペナン、アフリカのダーバン、ポートエリザベス、アフリカ最後の寄港地ケープタウンから大西洋を横断して南米大陸のブラジル・リオデジャネイロに着き、移民の港として有名なサントス港で航海は終わる。この航路は大西洋回りと呼ばれ、多くの移民を運んだ。航海の途中、香港で1日、シンガポールで10日停泊。港町を観光し買い物を楽しむ余裕もあった。ダーバンでは博物館も回ったが、人種差別がひどく、公園やバスでも白人と黒人の座る席が決まっていた。黄色人種の日本人はバスは1階の白人用に乗せられた。

2月19日に沖縄を出発してから約2カ月。4月末にブラジルのサントス港に着いた。いよいよ南米大陸だ。興奮は隠しきれない。しかし、サントスから1週間以上もかけて目的地のボリビアまで汽車の旅が続く。汽車に乗るのもはじめてだが、だいいち言葉がわからない。入国手続きはどうするか。移住関係者が待っていてくれると思いながらも、心配で落着かない。

■先輩移民の熱烈歓迎

上陸してホッとした。宜野座村出身の先輩屋比久孟清在ブラジル沖縄県県人会長が迎えにみえていた。屋比久会長はポルトガル語も達者で、一切の手続きを完了し汽車の座席にまで気を配ってくれた。異国への第一歩。心強くもありがたかった。

着いたその日の午後5時、1キロメートルも連結された汽車はゆっくり動き出した。車窓から見る景色は大陸的ではあるが、山脈はなく緩やかな平地が続く。広々とした農場、見渡すかぎりの牧場には牛がのんびりと草を食んでいる。自分たちもいつかこのような広大な土地で農業ができるのだと、明かるい希望が湧いてきた。夢を描きながら旅は続く。出発から2、3日後県系人が多く活躍しているカンポグランデの街がもう少しという所で、突然事故が起きた。客車から後方5両目の貨物車両の連結部が切れ、土手からひっくり返った。幸いけが人は出なかったが、これが客車だったら大惨事になったことだろうと胸をなでおろした。貨物車には移民グループの衣類や生活用品を入れたドラム缶がいっぱいだった。その荷の積み下ろしに相当な時間がかかってしまった。

一方、カンポグランデでは多くの県系人たちが、汽車が着くのを今か今かと待ちかねていた。同地には戦前と戦後、移住した人たちがいて、婦人部も結成され活発な活動をしていた。特に婦人部は年2～3回来る沖縄の移住者のため、毎回出迎えを欠かさず激励してくれた。この日もにぎりめしをたくさん作っていた。油みその入った白いごはんに故郷沖縄を思い出し、涙ながらに食べる人もいた。バナナやみかんも山ほどあった。汽車は丸1日停車し交流が深まった。駅の近くにいる先輩たちは、ひつじをつぶし歓待した。肉は柔かくたらふく食べた。おいしかった思いは今でも語りぐさになっている。

翌日、伊礼門のオバアという人が駅に訪ねてきた。家は近くだから是非と誘われ、10人ほどで行った。すぐ近くのはずが土ぼこりの道を30分もかかった。80歳を過ぎたオバアは足が速く、船と汽車の旅をしてきた運動不足のみんなは、追い着くのにひと苦労した。家では肉イリチーやみそ汁をふるまわれた。サントスから堅いパン、砂糖、ユーヌクしか食べてなかっただけに、肉のおかずやみそ汁は体が要求していた。これまで会ったこともない人が、郷里から出てきたということだけで親切にしてくれる。しみじみと情の深さと恩義を感じた。伊礼門のオジイは農業の傍ら三線づくりをしていた。胴の皮は本物のヘビを使用していた。

出発の日、急に産気づいた婦人がいた。婦人部の勧めでカンポグランデにとどまることになった。ひとり残される不安と気遣いは多々あったが、数月後母子とも元気に家族の待つボリビアに着いた。移民にとってお産は移住地に落着いたあとも不安の種となった。

■身近に裸族現れる

国境近くのコルンバでは燃料の薪の積み込みで4時間の停車時間があった。目の前のリオグランデ川を渡らなければボリビア入国はできないが、洪水で橋は流されていた。水浴びや洗たくのあと渡し船に荷物を積み、男は脇下まで水につかって歩き、女性は子供をおぶったまま、現地の人に背負われて渡った。災難ではあったが、その様子があまりにおかしく、みんな笑い合っていた。

ボリビア移民の玄関ともいえる
リオグランデ川の現在の様子

対岸に渡る前、薪を積む時間帯に、6次移民の人たちが迎えていた。野原でメシを炊き、大鍋にヒツジ汁がたぎった。ここで異様な集団に出会った。遠まきにこちらを見ている人々は、男も女も裸で下半身の一部を木の葉で隠しているだけ。ハハァ、これがうわさに聞いた裸族か。山で生活し弓矢を持っていて移住者が殺されたとの話も聞いた。その裸族がこんな身近に現れるとは思ってもみなかった。最初、みんな緊張したが、もの珍しそうに見ているだけなので、写真を撮ろうと構えたら集まってきた。トウモロコシをあげると生のまま食べた。

対岸のパイラには迎えの汽車が来て、3時間後にサンタクルスに着いた。船と汽車のながい旅だったが、やっとボリビア国の都市にたどり着いたという感がした。

■開拓は「うるま耕地」から

ボリビアの移民は１９５４年の一陣２７０人がロイヤル汽船チサダネ号で出発したのが始まり。年２~３回送り出し、64までに５８４世帯・３３８５人が渡った。琉球政府の計画移民は第９次で終った。第21次からはあるぜんちん丸、ぶらじる丸も就航し、第29次からは航空機移民となった。

開拓は「うるま耕地」から始まった。入植時、すでに移民受入委員会がボリビア労務者を雇って、約百町歩の原始林を開いて陸稲、タピオカ、トウモロコシを植えていた。受け入れ小屋は夜空が見えるような粗末なものもあり、ひとつある井戸は塩水で、炊事すると全員が下痢をした。大干魃や大雨、うるま病と呼ばれた悪疫で入植後約８カ月で15人が死亡した。移民の動揺はひどく、移住地の移動を決定した。候補地を再三調査し、ようやく３回目にきまったのが、現在の第１コロニアだった。

米国民政府と琉球政府の海外移住政策で始まったボリビア移民では、第１コロニアには第１次から第５次まで。第２コロニアは第６次から第13次まで。第14次以降は第３コロニアに入植した。第１と第２コロニアは開拓条件も悪かったので、米側は20万《ドル》分のブルドーザーやトラックなど機材を送り、道路づくりに協力した。その頃の１

世にとっては将来、コロニアに電灯がともり、オール電化の生活。大農場は機械化農業で軽飛行機での空中散布。植え付けから収穫、加工製品の製造まで一貫した近代農業になることなど想像すらできなかった。また、コロニアはいち早く学校を建て、子弟の教育を重視したため、2世、3世もよく日本語を話し、スペイン語にも精通している。後年、高等教育を受け教師、弁護士、医者等、社会的地位の高い人材が輩出している。兵役から出世して移民式典などでは、3機編隊で式場上空を旋回祝賀飛行する青年もいて、青少年に夢を与えた。

■水・電気・屋根なし小屋

宣太郎一家が第2コロニア着。覚悟はしていたが密林がこんなに深いとは、今さらながらに驚いた。幅6メートルの道が一直線に伸びており、道の上だけ大空が見える。視界に入らないほどの土地が手に入るのだという喜びの反面、開墾するのに何年かかるか不安もあった。移民受け入れ小屋が6棟ほどあって、入植時は一時的にここに暮らし、割り当てられた土地を2町歩開墾したあと自家が造られる。受け入れ小屋は後続の移住者に引き継がれるようになっていた。

宣太郎さん一家の隣にあった、玉城輝俊さんの開墾地＝1960年代、ボリビア、第2コロニア

水もなければ電気もない。あまりの不便さに1年前に移住していた父親一家に身を寄せることになった。ところが、ここで大事な事が持ち上がった。50町歩の土地は1家族あたりに与えられるもので、宣太郎は呼び寄せだから配分がないという。沖縄で度々あった説明会でも聞いてなかった。納得できるわけがない。移住地は組合が管理していたので、組合長らに再三かけ合った結果、1年後に配分された。その代わり父の家を出て行った。

自分の土地に隣接する6メートル道路に仮小屋を造った。幅3メートル、奥行き3メートルの小さなモノだが道路の半分を占拠する形となった。幾分通行の邪魔になった。仮小屋といっても板もなく、壁はアメリカ毛布と天幕をかけただけ。ヨシ子はこの小屋で次女エリーサを生んだが、難産のため遠くから来た産婆さんは、2昼夜かかりきりだった。長男の宣隆は開墾してあと造った家で生まれた。

■オノとノコギリでの開拓

昼なお暗い密林の開拓は遅々として進まない。直径80㌢以上の大木は鉄木(クーチ)と呼ばれるほど堅い。1本倒すのに3時間もかかる。おのとのこぎりで全て手作業。ある日宣太郎にアイデアが浮かんだ。自然の力を活用することだった。正午ごろから午後4時ごろにかけてかなり強い風が吹く。風が吹く前に大木を半分以上切り込んでおく。周囲の小木も同様にオノを入れておく。大木は強風に煽られ横倒しになる。つたかずら（ヤマカンダー）でつながっていた小木まで一斉に倒れる。この方法で1年で4町歩（1万3千坪）を切り開いた。子どもの頃の宜野座村城原でのタキギ取りの経験が生きた。

4町歩を開墾したので、2町歩を山焼きにして家が造れる。隣組のイーマールで大勢の人が手助けに来た。山焼きは一直線１００メートルに10人が一列に並び、風向きを考えながら、石油を垂らし火をつけていく。焼け残ったのは集めて寄せ焼きする。２町歩を焼くのにそう時間はかからない。

家を建てる時は30人も集まった。モータクと呼ぶヤシに似た木を切り倒す班、葉を落とし運ぶ班、ビンロウの幹から壁板を造る班に分かれ、役割を分担した。宣太郎が毎日コツコツと柱など組み立てていたので、１日で住居と倉庫の２軒が完成した。移住地では家を建てるのも順番制でみんなが総動員で仕事をした。

夜の完成祝いは楽しみだった。婦人たちは豆腐を半日かけて作り、天ぷらを揚げた。豚もつぶされた。男たちはサトウキビの絞り汁からとったアルコールを、お酒代わりに飲んだ。アルコール度数が90度から１００度ある強い酒だが、水割りで飲んだ。三線はなかったが30代の若者たちは、太鼓代わりの水カンをたたき歌え踊れと明け方までハネーカシ(盛りあげ)た。第1コロニアの移住者たちは三線を持っていたのが多く、辛い時や悲しい時も三線を爪弾き、多くの苦難を乗り越えてきた。手作り三線を大切にし、常に故郷を瞼に浮かべながら成功の暁を想い描いていた。宣太郎は当時、三線を持ってなかった。

■親切で明るい現地民

配分された50町歩は第6次から第8次の移住者が選んだあとの土地だった。先の人たちは柔らかな土地を選んでいた。宣太郎の土地は粘土質で固かった。しかし、土地は肥えていてトウガン、カボチャ、スイカ、パパイア、バナナなど放っておいてもよく実った。それらはあり余っていたので、豚のえさになった。現地民は10㌔離れた所で生活しているが、とても親切で年配にはあいさつをするし、人を敬う心を持っていた。入植時、たまに集落を通りかかった時に、バナナを買いたいと頼んだらみかんもいっしょにタダで持っていけというしぐさをした。服装はつぎはぎだらけで生地も色もわからないほどだが、盗みなどはしない。

移住地で働く人も多い。早起きで体力もありよく働く。性格は陽気で、休みの日にはコロニアの中心部に1軒あるマチヤグワー（売店）で1日中ビール（パセンヤ）を飲んで過ごす。必ずギターの上手な人がいて、男女とも踊り通す。働くようになってから生活が変わってきた。ピカピカの靴を買い派手な洋服を好んだ。日曜日にヤナスガイしているのはウチナーンチュだとわかるほど。生活が向上すると物欲も出て、狩りで射止めてきたイノシシ、シカ、アンター（牛みたい）を解体して肉を売るようになった。

生活に水は欠かせないが、適当な飲み水がない。雨水がたまった沼は落ち葉などが浮いて真黒で臭いもする。濾過して1時間後にしか飲めない。この水を4キロ先に汲みに行く。宣太郎は牛か馬が欲しかった。荷馬車があれば、ドラム缶で水が運べる。妻も子どもたちのおしめの洗濯が思いきりできる。

現地民に馬と背広を交換しようと持ちかけたら、喜んで馬2頭で来た。白い馬が欲しいと指したら、相手は「ブランコ」と言う。近くで娘が揺り籠で寝ている。ヨシ子さんは「このブランコはダメョ」。結局、現地では「白」をブランコと言うとわかった。背広一着を持ってうれしそうに帰って行った。何とこの背広は、宣太郎が香港で1着1ドルで買った4着のひとつだった。なぜ、着るあてのない背広を安いとはいえ、4着も買ったのか。このあたりに将来、事業に成功する宣太郎の先見の明があったことがうかがえる。

■旧移民者と組合の協力

旧移民と呼ばれた10家族がいた。ペルーに移住のあとボリビアに入ってきた。この人たちが大きな力となった。言葉のわからない新しい移住者にスペイン語を教え、現地人との通訳もした。家畜はにわとりと豚を飼い、作物はタピオカ、カボチャ、バナナをまず植えなさいと指導した。その中に久場のタンメー（現沖縄市嘉間良出身）がいた。移民の草分けで戦前、現地人と結婚し子どもも多かった。第1コロニアでは大量にバナナをつくり、8キロ、10キロと歩いて学校に通う子供たちのおやつにあてた。時には車いっぱい学校に運んだりした。

各コロニーにある農業協同組合は頼りがいがあった。公的な事から私的な取引まで諸々の手続きをやってくれた。第2コロニアからサンタクルスまで55キロも離れており、片道4～5時間もかかった。組合が事務を引き受けたおかげで、畑作に専念できた。

さて、4町歩を開墾し住居も建てた。陸稲を植えた時にうれしい誤算に気が付いた。自分の土地は固くて畑作には向かないと思っていたが、実は保水力があって陸稲に適していた。他の土地は砂地で雨が降ってもすぐ浸み込んでしまう。雨は1カ月も降らない時だってある。入植2年目の収穫は米粒も大きく大豊作で、どのような栽培の方法をしているか組合から視察に来る程だった。

ヨシ子さんは常に赤ちゃんが気がかりだった。畑に行く時、背におぶって自転車の後部に乗るのだが、蚊の大群が黒い塊となって襲ってくる。厚着をさせていても2～3枚の上から刺す。足をたたくと手のひらいっぱいの血。また、畑ではゴザの上に子を寝かして作業すると、稲の中にまぎれ混んで見つけるのにひと苦労。労働がきついのは我慢できたが、子の事を思うとかわいそうで、移住はしなかったほうがよかったと考えたりもした。

■蓄えがない生活に敗北感

稲の豊作で延ばし延ばしにしていた組合への負担金を一括で支払った。借金もなくなったし、開拓も2年目10町歩、3年目20町歩と順調に来た。ここまでがむしゃらに朝早くから月夜の晩は遅くまで働きづめの毎日だったが、考える余裕が出てきた。

稲はサンタクルスに運び、もみを精米するが、集中するための順番があり、現地人に米を売るのに1週間かかることも。現地人の仲買人は大型のニッサン、トヨタの新車を持っていたが、みんなハダシだった。売る側は農地を離れて久方ぶりの都市。遊ぶ場所は多いし、カフェや酒場もある。ついつい遊びが過ぎて売り上げ金を大半なくす若者もいた。

入植して4年経っていた。日常の生活には困らないほど食糧はあった。だが蓄えがたまらない。食べるだけの生活なら沖縄でもできる。子供たちの教育のことも気にかかってきた。夫婦は沖縄に帰ることを話し合うようになっていた。宣太郎は入植以来、洋服1枚も買ってやれなかった妻を不憫に思った。帰るにしても渡航費がない。土地、財産を売っても足りない。一応、ボリビアを出てアルゼンチンに行き、そこで旅費をためて沖縄に帰る計画を立てた。挫折感と敗北感に打ちひしがれた。大きな希望を抱き大いなる大地に挑み、故郷に錦を飾るはずだったが、わずか4年で断念せざるを得ない。

第2章　アルゼンチンでの成功

■挫折から

アルゼンチン行きの準備を進めていて、思いがけないことが発覚した。パスポートだ。一家が持っているのは沖縄の米国高等弁務官発行のもので、入国はボリビアに限られていた。目的を移住ではなく旅行に切り替えても通用しなかった。

思案のあげくパスポートの再発行を考えついた。しかし、移民の他国への移動を禁止する政策のため、ボリビアも沖縄も発行はしない。日本政府に頼もうとあらゆる手段を使ってやっと手に入れた。日本国民扱いされてなかった時代で、日本国のパスポートを取得した。実に日本復帰9年前の1964年でひと足早く日本復帰したことになる。以前にはパスポートを持たず、ペルーやブラジルからアンデス山脈を徒歩で、数カ月もかけてアルゼンチンに越境した県系人も少なからずいたというから、その根性には驚きおそれいる。

アルゼンチン行きは4家族で汽車の旅。国境のポシィートではトラック1台分もある荷物を積み替えた。乗り換えの汽車が来るまで駅の待合室でゴロ寝をしたが、服装や集団からしてまるで難民。地元の人は大勢の子供を見て、かわいそうと思い「家で休んで」と声をかけてくれた。

汽車の旅は4、5日かかるが、席は大人2人しか確保できない。4歳の初美はトランクのすき間に、下の2人はダッコした。おしめを替えるのもひと苦労。食べ物は堅いパンと果物。初美は一切何も食べようとしない。死んでしまうのではと思うくらいで、立たしてはゆり動かしたりした。座席は堅い木を通しただけの粗末なもので、腰やお尻が痛くなるが、身動きもできないすし詰め。汽車の速度の遅さも気にさわるほどイラ立った。

終点のデッキーロ駅。見渡す街はビルが建ち並ぶ大都会。きつく苦しかった汽車の旅も忘れるかのように、ここで頑張ればきっと成功すると新たな元気が湧いてきた。さらに勇気づけてくれたのが迎えの人たち。同期生の新里健昌はじめ宜野座村人会の役員6人。同じ姓の新里孝徳、真一、政敏、浩、勇、中学の恩師・健勇。故人となった政敏と勇以外、みんな80代で現在も元気に働いている。宣太郎はこの時の恩を忘れず、新年宴会の時には80歳以上の村出身者に金一封を贈っている。

宣太郎はすっかり街に魅了された。クリーニング店かパン屋で働きたいと思った。先輩方は幼い子供3人を抱えての、都会での生活は厳しい。田舎で花作りをすれば一家5人いっしょに暮らせる。都会ではそれがむつかしいとアドバイスした。ヨシ子は離れて暮らすよりは田舎の生活がよかった。ここへ来て活気があり生活にも余裕がありそうなアルゼンチンが気に入った。

■花卉栽培に取り組む

着いたその日から友人・健昌の伯父の家に2週間ほど厄介になった。健昌は独身で花卉栽培を小さくやっていた。伯父の家は広々として暮らしやすかった。宣太郎はボリビアを出る時、50キロの米俵を3俵持ってきた。4カ月分にあたる食糧で、みんなはこんなに重い荷物をよく持って来たもんだ—と感心するやらあきれるやら。結局、落ち着き先がすぐ決まったため、骨折り損となった。

ある日、県系人の告別式の帰りに大勢の人が宣太郎一家を激励に来た。花栽培を勧められ具志堅政吉という農家を紹介するという。しばらく経って具志堅宅の離れの小屋に住むことになった。トタン屋根で壁もちゃんとあり、ボリビアの頃の小屋に比べると、雨の時の心配もなく不自由を感じなかった。

具志堅政吉は当時、40代前半で子供4人の6人家族。16歳の時、伯父に連れられブラジルに移住。数年のちアルゼンチンを目指してパラグァイの山を徒歩で越えてきたという。東も西もわからない状況で踏破した。仕事は野菜作りからはじめた。レタス、ブロッコリー、キャベツ、カリフラワーなどを1時間半かけてトラックで、野菜市場に運んだ。次に花栽培に移ったが、苦労話は尽きなかった。「あれから30年も過ぎたヨ」という言葉に、宣太郎はひたむきな人生と時の流れの速さを感じた。余談になるが、姉のアメーリアは日本語、スペイン語、ポルトガル語に堪能な美人で、うちなーんちゅ大会では名司会者として知られている。

1年目は給料制で働いた。2年目は作《ツク》イワーキー（もうけ半々）だった。宣太郎は技術を修得して独立することばかり考えていた。3年目に独立した。イタリア人の土

カーネーションづくりの初期である、1966年ごろ。ビニルハウス内での子どもたち

地2町歩を借りて、幅6メートル、長さ40メートルの温室を12本建てた（アルゼンチンでは温室は1本、2本で数える）。温室は一般的にガラス張りだったが、宣太郎はビニール（ナイロン）を張った。骨組みの柱や横木を堅固にした。周辺の人は「ナイロン小屋では花はつくれないョ」と注意したが、2年間の経験から自信があった。実際造ってみると費用はガラスの10分の1で済んだ。雨の時にところどころに水が溜まることはあったが気になる程ではない。それに冬でも温度が下がらない利点があった。

ヨシ子も忙しくなった。農場に電気の設備はどこもやってなかったので、夜はランプやろうそくをつけて、カーネーションの植えつけをした。花づくりは女性の仕事が多かった。1本のよい花をつくるには芽かきは欠かせない。ひとつづつ丁寧に摘む。収穫の時は朝日が上がる前に刈り取るので、午前5時には出荷の準備をする。

■突然の寒波で大もうけ

独立した年、思いがけない現象が起こった。6月、7月はアルゼンチンでは真冬。平年なら寒さを気にすることはないが、この年は零下5度まで下がり、あたり一面霜の氷が張る寒波が襲った。「カーネーションが全滅する」。温室を暖めようと薪を買いに走った。時すでに遅しで、どこの薪売り場も売れ切れ。せっかく独立して今後に期待をかけていた矢先のことで落胆した。

ぼうぜんとしていると畑の前のレンガ工場が目に止まった。毎日、白い煙が見える。工場へ行き、「買った値段の3倍で薪を買う。現金だ。その代わり農場まで運んでくれ」。工場主は喜んだ。ストックはあまるほどあった。早速ハウスで火をおこした。焼き残り火を角々においた。これで、ハウス内の温度は上がっていった。隣の農家にも声をかけ、薪をあげた。これが4日間続いた。寝るひまもない。昼も休めない。おかげで花は助かった。この時、花卉だけでなく野菜も全滅した。生き残ったのは宣太郎と隣のハウスだけだった。花の値段は当然高騰した。

カーネーションは1束100本が10ドルで売れた。10束で100ドルだ。その当時、沖縄の公務員の給料が月35ドルか40ドルくらい。毎日60束を出荷した。1日650ドルの収入で7カ月続いた。独立するため土地の賃借、ハウスの建設などで資金が必要となり、3年がかりの36口模合に入っていた。先に移住していた先輩たちの協力で、新移住者に優先的に落札が回った。この年は寒波で農作物が大被害を受け、模合仲間にも及び運営に支障を来したが、みんな大目にみられた。ここでもウチナーンチュの懐の深さとネットワークの素晴らしさを実感した。

寒波の際に宣太郎氏が買い上げた薪を思わせる風景

独立から4年後、5町歩の土地を買った。そこにこれまでと同じ規模のハウス60本を作った。土地を借りて造った12本の5倍のハウスとなった。経営も順調に行き、農場周辺に4軒の小屋を造り、現地の使用人家族が住めるよう環境を整えた。近い街から日帰りで通う人も含めると常時40人が、8時間労働をしていた。アルゼンチンは世界でも有数な花の消費国で、特に11月1日から3日までは沖縄のシーミー（清明祭）に似た習慣があり、家族揃って花を持ち寄りお墓参りをする。4月から始まる切り花は11月で終わる。

5町歩の土地を買う以前から、土曜、日曜に宣太郎の家に青年たちが集まるようになっていた。親元を離れ街の洗濯屋で働いてる若者たちは、休みの日行く所がない。ある日、集まって雑談している時、宣太郎の家に行こうということになった。沖縄の開発青年隊から派遣されたのが中心で男女10人以上が泊まり込んだりした。

宣太郎は若者のために、ジュース、コーラー、ワインと1人あたり５００グラム計算で7キロの肉とソーセージ類を準備した。「自分たちで焼きなさい」と畑に出ると、出来上がった頃に畑に呼びに来る。午後はワインを飲みながら、近況を語り合う情報交換の場となった。この集まりが縁で幾つかのカップルもできた。後年、この集いは沖縄にまで波及し、宣太郎が帰郷する時に利用している金武町の持ち家がその場所になった。南米に移住したものの逆に日本に出稼ぎに来た者や留学生たちが、現在はうるま市石川に住んでいる宣太郎の長女・初美にお願いしかなえられた。金武湾を見下ろす小高い位置にあり、住環境がよく住宅地になっている。宣太郎はカラオケなども設置しているが、隣近所に迷惑がかからないようにと注意するだけで、自由に使わせた。

■街で小さな靴店開く

花栽培は順調だったが、ずっと続ける気はなかった。農薬の問題があった。ハウスが増えれば増えるほど農薬も大量に使う。当時、ドイツ製の薬を使っていた。ドイツ本国では薬害が強く使用禁止になっていたのを、アルゼンチンに輸出していた。農業の本に農薬が体に及ぼす悪影響についての警告があった。

ある日、釘を買いに街に出た。駅の近くに小さな貸店舗があった。幅4メートル、奥行き5メートルの約6坪の物件だった。商売のあてはなかったが、安かったので借りることにした。どんな商売があるか街中を歩き回った。ブエノスアイレス市に行った時、大きな靴店にひかれた。安い靴を売っていた。店主に「靴のことはわからいズブの素人だが、

1968年、最初に開いた約6坪という小さな靴店

隣町で小さな靴屋を開きたい。貴方の店から仕入れるから色々教えてくれ」と頼んだ。店主は男性靴のよく売れるサイズ、女性用で人気のある商品を懇切丁寧に教えてくれた。ここでも宣太郎はまとめ買いをした。6足を1セットにして、売れそうなものから、そうでないものまで種類をふやした。大喜びした店主は、店員を連れ手伝いに来た。陳列の方法から値段のつけ方まで教えた。そして、最高のプレゼントは、宣太郎が言葉がうまく話せないことから、連れて来た店員を残してくれたことだった。この店員は実に商売が上手で売り上げは日ましに上がった。

靴店はフロレンシオ・パレラ市で開業した。1968年だった。やはり多くの人の忠告を受けた。駅の近くとはいうものの人通りが少ない。同市には大きな靴店もある。

「大樹の陰には小木は育たない」のことわざもある。第一、靴について何も知らないではないか―が忠告の内容だった。宣太郎は畑でも溝をつくれば水路となって水は流れる。今は行き来する人は少なくてもきっと増えると数年あとを読んでいた。同市の人口は14万人だったが2014年現在は40万人になっている。

靴メーカーでさえ立地条件が悪いと言っていた靴屋は、安いとの評判で客はひっきりなし、時間帯によっては店の前に並ぶほど。手狭になったので棟続きで同じ面積の化粧品店をトルコ人から買い受けた。仕切り壁をぶち抜き、店は12坪に広がった。この6坪の拡張がその後の大繁盛につながる基礎となる。宣太郎自らも周辺の土地捜しをしたが、それよりも「土地を売りたい」、「家屋を買ってほしい」との声が多くかかってきた。それらの物件を次から次へ買い足していった。中でもイタリア人からの3物件購入は大きな転機となった。土地は1カ所にまとまった分だけでも3500平方となった。

■安価で評判　スーパー新築

土地を確保したので靴のスーパーを新築した。2階建てで1階は売り場、2階は倉庫。隣接の4階建ては1階をスーパーと結び、1階の間口は幅30メートルで奥行き40メートル。売り場面積は１２００平方（約４００坪）となった（２０１４年現在の間口は50メートル）。開店祝いは大々的にした。宜野座村人有志、外国人メーカー、日系人多数を招待した。参加者は「場所的には決して良い条件ではなかったけど、こんなに発展した」と口々に賛辞をおくった。宣太郎は「道をつくれば人の流れは変る」という持論が証明されたことがうれしかった。駅前から３５００平方の土地の所有者になっていた。

2階建ての本店以外に次々と支店を出した。バレラ市は1区画を１００メートル×１００メートルに定めているが、その２００メートル以内に4店舗が建った。1支店はＳＡＫＵＲＡの店名で高級品だけ扱う。残り3店舗は普通一般の店。同地域で靴店を4軒も出店することは、とうてい考えられないが、宣太郎にはたしかなヨミがあった。消費者の心理として、最初に入った店ですぐ品物を買うことはあまりない。ショッピングを楽しみながら2、3店まわって買いもとめる。本店と3支店があれば、お客を完全に囲い込

現在の「エル・ハポネス」の様子

める。お客を逃がさないシステムが出来上がる。集客のためには店内の模様替えなどはもちろん、快適な場所を提供する店構えを堅持していたが、PRのための予算もかけた。軽飛行機を借り切って、空から宣伝ビラを周辺市街にバラまいたことは、日系移住者をびっくり仰天させた。

本店をスーパーマーケット・エル・ハポネス。支店名をサパテリア・ハポネ（日本の店）と名付けた。靴とスポーツ用品を揃えた店も人気があった。従業員も増やした。本店では日系2、3世10人、外国人40人が働く。駅前店は外国人だけ9人。家族を除いても50人以上が勤める。11月と12月の靴の売れるシーズンにはアルバイトなど30人以上を増員する。靴店が順調に展開して、宣太郎はメチャ忙しくなった。午前3時に靴工場に買い出しに行く。午後は花づくりの農場に行く。現地の人50人を使っているが、耕耘機を使う危険な仕事は自身でやると決めていた。

これまで花で稼いだ金を土地収得や建築費用に回して事業を展開してきたが、開店して8年にして靴業のメドが立ったので、かねてから考えていた花栽培をやめることにした。ヨシ子は12年間昼、夜なしに世話してきたカーネーション作りから1978年解放されることになった。花作りがあったからこそ、靴店の業績も伸びた。思えば花づくりも靴販売業も何も知らないまま始めた。宣太郎は改めて大きな教訓をさとった。「やる気さえあれば、仕事は仕事が教える。言葉もわからず経験もないから出来ないというのは理由にならない」。

第3章　新たな事業展開―中古車販売

■台湾、中国貿易の困惑

靴店を開業して徐々に敷地を拡大し、今や駅からの一区画はサパテリア・ハポネ中心ににぎわっている。ここまで繁盛したのは宣太郎の経営方針によるものだった。商売方法は徹底した現金主義と一括購入。靴工場での仕入れの時もストックがどのくらいあるか調べ、トラック1台分4千足をまとめて買う。支払いは小切手でもなく現金。工場側は大金が入るので1足10ドルの靴を6ドルで売る。店頭販売では10ドルで売っても、他の店の仕入れ値で格安となる。普通、支払いは1回目50パーセント、2カ月後30パーセントなど3回払いだが、一切そういうことはしない。市内外には従業員50人以下の製造工場がたくさんある。経営者たちの間ではサパテリア・ハポネは現金支払いで有名になり、アルゼンチンの各メーカーも多数訪れるようになった。

もうひとつ宣太郎が目をつけたのが、度々開かれる台湾・中国の展示会。アルゼン

ブラジルとパラグアイの国境近くにコンテナを配備。中には1万足の靴が入っていた

チン製品より安い。調査で台湾へ行った。人件費が安い。台湾の経済成長がささやかれている頃だった。１９７３年、台湾と貿易をはじめたが中国の方がコストが安く、台湾との取り引きは3年で中止した。次は中国に移った。中国には大陸系と台湾系の業者がいた。中国との取り引きは手こずった。注文品と違う商品を送ったりした。その都度、販売禁止にあったり商品差し止めにあったりした。

台湾や中国からの商品は12メートルコンテナで運ばれ長いトラック13台分だった。それらは主にパラグアイとブラジルの国境付近で売買した。国境近くには日常品から電化製品など多様な品物が倉庫に積まれていた。ブラジルとの間に1キロにわたる橋があり、税関や警察官の検問所があった。宣太郎は大きな倉庫を借り、長男・宣隆、トモミ夫語に堪能だった。

婦と次男・マルセーロ、ミーディアン夫婦に任せた。彼らはスペイン語、ポルトガル

■税関も見て見ぬふりの売買

お客はほとんどブラジルから来た。橋を越えたブラジル側には、大型トラックや大型バスが待機していた。ここの取り引きは実に変わっていた。橋を渡って荷物を届けるのは屈強な男たちで、1人で50キロの重さの荷物をかついで行く。荷物を買い主に渡すと、そのままトンボ返りでまた荷をかつぐ。まるでアリが巣に荷を運ぶように延々と続く。

車で運ばないのにはワケがあった。車両は税関がいちいちチェックするが、荷役の男たちの荷物はフリーパスだった。荷物が多かろうが少なかろうがフリー。定職がなく貧困な生活をしている人たちを、税関も警察も見て見ぬふりをしていた。

信じられない光景は、橋の中央あたりからタバコの梱包を川に投げ入れること。あらかじめ濡れないように包装された箱を落とす。橋の下で待機していた相棒たちが泳いでブラジル側の岸にあげる。なぜか、実はタバコの税金は他の商品より高い。税関

でもチェックする。川に落とすことによって、税を免れる寸法。税関も承知の上で追及はしない。おかしな話だがブラジルから来たタバコは、2度のフリーパスでまたブラジルで販売されるという。宣太郎が沖縄の親戚7人を連れて国境を越えた時も、パスポートさえ見せなかったというから、なんと大らかな南米の国々だろう。1度に輸入した1コンテナ1万足の靴は1週間で完売したという。

この国境での商売も、ブラジル政府が、中国から靴の輸入をはじめたので、2006年に打ち切った。それでも中国で毎年4月と10月に開催される交易会には、現在でも参加する。交易会の会場は那覇市全域に相当する範囲で繰り広げられ、全世界からディーラーが集まる。通訳を雇って靴会場、衣類会場、電化製品とあらゆる会場を回って市場調査をするが、通訳の大学生は日本語が非常に上手。中国人は通訳に限らず、学ぶのに熱心で自身を高める努力をする。中国人は日本人と同様に手先が器用でモノマネが得意。日本の企業に研修に行き、技術を覚えて帰国すると、日本の製品とそっくりな品をつくるか、工夫してそれ以上の製品をつくり上げる。その製品を日本には送らないで、他国に輸出している。

宣太郎はパラグァイ国境での靴の輸入販売は中止したが、この時すでにパラグァイが山林の国であることに着目し、後年、製材業に進出する計画を立てていた。

■トヨタ自動車販売

アルゼンチンは１９７９年まで、米国やヨーロッパの車が走っていた。シボレー、フォード、ラージーが主流で２番はイタリアのフィアット、３番はフランスのルノー。ドイツのベンツも人気があった。それらはアルゼンチンで生産されていた。日本車はペルーだけが輸入していた。１９８０年、すごく売れていたシボレーのＧＭが生産をやめた。そして日本車と技術提携すると、飛ぶように売れるようになった。倉庫に入れず新車がしばらく牧草地に並ぶ状況が現出した。宣太郎はヒラメイた。施設・設備を完備し、日本人が店を出せばもっと売れる。日本人は信用があるから大丈夫だと思い、修理工場を完備した建物で販売開始した。日本人の技術者１人に外国人の修理工を雇った。

燃料が経済的で頑丈だと最初は日本人移住地からの注文が多かった。売れた車種はセリカ、コロナ、ピックアップのハイラックスだった。特にハイラックスは田舎で人気があった。アルゼンチン人は試乗して、快適な走りと軽いハンドルを気に入り、見学したその日に契約する人が多かった。１９８１年の半ばまで驚くほど売れた。ところが、１９８２年４月にマルビーナス島をめぐるイギリスとの紛争で、アルゼンチンは外貨を出さない政策をとり、輸入禁止となった。車の輸入がいつ解かれるかメドはつかなかった。それでも日本車を買ってくれたお客のニーズに合わせ、部品販売と修理のため、84年まで営業を続けた。部品が不足した時、見本を台湾企業に託したらそっくりな部品をつくってくれた。しかも、値段は日本の３分の１だった。日本の業者は依頼を受けてから、色々検討する時間がかかるが、台湾企業は日本が考えている間に、市場に出す。84年に会社を閉めたが、新しい情報がすでに入っていた。

■自由貿易地域の恩恵

チリ国で日本の中古車がよく売れているとの情報をもとに、市場のあるチリ国でペルーとボリビアの国境に近いイキケに行った。太平洋に位置する砂漠地帯で、過去にはチリ人以外が住んで越境のトラブルなどを起こした地域で、チリはここに人口の少ない小さな町をつくっていた。この小さな砂漠の町が自由貿易地域になったため活況を呈していた。宣太郎はすぐ東京に飛んだ。国境の小さな町がフリーゾーンで活気に満ちているから近くの国々の状況もつかんでおきたかった。東京のアルゼンチン、ペルー、ブラジル、ウルグアイ、チリ各大使館をまわり相談した。チリは自由貿易地域でならOK。アルゼンチンとブラジルは、自国で車を生産しているからダメ。ウルグアイは許可は出すが、税金を高くするという。結局、自由貿易地域で営業をすることにした。

ペルー国イキケの自由貿易地域。日本の中古車がよく売れた

大阪、名古屋あたりの中古車業者は規模も大きく、目移りしそうな上等な車を揃えていた。1台ずつ見て回り値段をチェックしてまとめ買いをした。50台単位で買うとだいぶ値引きしてくれる。半額を即金で払い、残り半額は帰国してから送金する方法をとった。オークションでは緊張した。事前に欲しい車

の番号をメモして臨むが、何千台の車が順序よく流れ価格が出る。ボタンを押すタイミングが重要となる。

砂漠の小さな町だったイキケは、間もなく建物が建ち並び飛行機やバスで来る来客でごった返した。税金がかからず安いので、品物によっては生産国より安いものもあった。特に日本からの中古車は大人気だった。走行距離が3万キロの車やトランクにあるスペアタイヤが新品だったりして、お得意さまのペルー人は新車同様に感じて喜びを隠さなかった。問題はハンドルが逆に着いていることだが、その対応も早かった。自由貿易地域内に教習所のような建物があって、専門家が修理工を集めて技術を教え、実践させる工程が出来上がっていた。右ハンドルを左ハンドルに変える時、ダッシュボードを切り取り、つなぎ合わせて、全く違う位置に定着させる技術は、素人の宣太郎からは神業のように見えた。改造した車とはとても思えなかった。

■日本社名の車　走り回る

マイクロバスの20人乗りがよく売れた。自由貿易エリアーで乗り合いバスに使っていた。バスとしての営業許可も受けず登録もしない。買った日の午後から右ハンドルのまま運行を始めるツワモノも。20人乗りに40人も乗る。ドアに3人がぶら下がっているかと思えば、下車する客を停車しないまま、ゆっくり走らせながら下ろす。時間がかからない。日系人からは異様な光景だが、自由貿易地域は別の世界なのか、天下御免、堂々とまかり通っていた。ほほ笑ましいことはいくらでもあったが、マイクロバスや商用車を、輸入されたそのままで買うことも。日本からの車は、車体いっぱいに会社名や電話番号、宣伝用のマークや目を引きつける広告を施してある。これを消したがらないのだ。売る方は当然、塗り替えの準備をするが、消さないでくれという。特にペルー人は、全体を絵として見ているようで、文字などは逆さにしてもわからないどころか、ある珍しさを感じて楽しんでいる様子だった。びっくりしたのは日本からの観光客。あっちこっちで日本の会社名の車を見掛る。大小さまざまな企業や会社が支社・支店を出していると早合点してしまうのだ。

中古業者はチリ人の2社だけだったが、いつの間にか中国人も参入するようになった。チリ業者は1回の輸入で50台を目指していたが、宣太郎は常に100台を入れていた。中古車販売が繁盛しているのを見て、チリ人の業者が増えてきた。車運搬専用の船は大きな会館みたいで、常に3千台が積み込まれていた。砂漠を囲い車庫を置いて管理人を雇う業者も増えた。船が着く時、宣太郎は運転手15人を雇う。港から約2キロ離れた倉庫までの道中は気が張りつめる。運行しながらラジオのカセットを取り外し、仲間に渡す。スペアタイヤも被害に合う。宣太郎はずっと後を追いかけて行くのだが、盗難の現場を押さえた事はない。問い詰めてもシラを切る。このようにすばやく事を成す技術に、ほとほと感心するほかなかった。盗られた品々は、あらかじめ予備に取っておいた品で間に合わせた。また、ハンドル移動作業は普通、指定の工場で500ドルでやってもらうが、中古車がはやるに従って、4～5人のグループが道端でやるようになった。技術者が教えており支障はなかった。ここでは200ドルで引き受けていた。業者が多くなり、価格の変動や競争も激しくなったことから宣太郎は手を引くことにした。1988年から3年が過ぎていた。

■パラグァイ人はよく働く

パラグァイとブラジルの国境で靴の販売をしていた頃、パラグァイの原始林と原木

パラグァイの製材所で大木を下ろす作業。中には直径2メートル《メー トル》、長さ40メートル《メー トル》のものもある

の国を目の当たりにして、いつか製材業をと意欲を燃やしていた。靴の店は相変わらず忙しかったが、車関係の事業も一段落ついたので構想を練り直した。まず、パラグァイに製材所を買った。南米で親しまれているイペー木で、フローリングをつくることにした。イペーは材質が堅くフローリングに向いている。原木を倒す人たちは1町歩の山を買うが、直径何センチ《セン チ》以下は切ってはならないという規則がある。伐採された木は台湾から買った製材機に回されたあと、乾燥会社に送られ、アルゼンチンでフローリング加工される。

現地のパラグァイ人は30人が働いていたが、実によく働いた。朝4時45分には朝食のタビオカを薬草の葉の入った水筒から飲み、5時から仕事を始める。この人たちの中にはスペイン語をわからない者もいて、地方語のワラニー語を使っていた。最近、ワラニー語を失くしてはいけないと、学校でも教える運動が起きているという。事業はアルゼンチンと中国で展開するつもりだったが、中国とは条件が合わなかった。外国から材料を輸入して製品にしても販売は中国が半分。あとの半分は外国に輸出するとの条件だった。中国としては外貨をかせぐためのようだが、事業者には大きなメリットはなかった。靴輸入の時もそうだったが、中国との取り引きは、品物を見せて現金でしないとうまくいかない。今日と明日の話の内容も違う。結局、香港の倉庫に入るべきだった建築資材は、有村産業の船で沖縄に運ばれた。製材、家具製造も順調だったが、国内の労働問題なども関係してパラグァイもアルゼンチンも、工場や会社を一時閉鎖している。

第4章　新たな事業展開―ディーゼルエンジン

■いちばん動いた50歳代（1990～98年）

1990年代は宣太郎50代で、国内外をいちばん動いた時期だった。商売の面白さ、楽しさを実感した時でもある。中古車販売の際に入手した情報から、同じ車関係の仕事でディーゼルエンジン、車のシート、フォークリフト、小型トラクターの中古製品輸入・販売に乗り出した。本業の靴4店舗を展開しながらの事業だった。

チリの自由貿易地域での日本中古車の販売は、当初は宣太郎以外には1、2社しかなかったが、次第に増えチリの大金持ちの業者以外に、中国人も参入するようになり、競争が激しく価格の変動が起こり出した。手を引く潮時は今だと思った。幸いに中古車販売をしていて面白い現象を見ていたので、次の仕事はこれだと決めていたのがあった。それはボリビア人やペルー人が中古車を買って、そのエンジンを新車のフォード車のエンジンと取り替えていることだった。なぜそのような事をするのかと聞くと

「燃料費が安く、音が静か。農業用機械にも合う」との返事。ひらめいた事はすぐ実行に移すのが宣太郎流。例のごとく大使館を訪ねた。アルゼンチン大使館は「中古車はダメだが、中古エンジンならＯＫ」と認めた。アルゼンチンは人口も多く、道路も平坦なので機械の寿命も長く持つと踏んだ。舞台はまた日本となる。ちょうど東京浅草の日本語学院に行っていた長男の宣隆、同じく靴の専門学校に通っていた次男・マルセードとも相談して新商売を始めることにした。

■商売の楽しさと面白さ

主に取り引きしたのは大阪から名古屋にかけての自動車解体屋。ここではアフリカ人、パキスタン人、フィリピン人が油にまみれて働いていた。わかったことは日本が商品として扱っているエンジンは、中古であろうと完全な品物だということ。当初、20《フィート》コンテナ１本に60～63台のエンジンを仕入れた。売る時は台の上に１機ずつ乗せて、バッテリーでエンジンをかけ、試動させた。１００《パーセント》かかり、客の満足度を得た。お客はさまざまな活用をしているようだった。例えばＬＤ28エンジンがある。これがフォードＦ１００エンジンにぴったり合う。フォードのガソリンエンジンを下ろして、

ＬＤ28エンジンを取り付ける。どこを直す必要もない。フォードだけでなく大きい乗用車にも使われており、１６００㏄から２０００㏄にもＯＫだった。

特別な宣伝もしないのによく売れた。アルゼンチンの道路は平坦で、エンジンに無理がこないことも人気の的だった。品薄で買い手が多く、前払いで買いたいという客も少なくなかった。ただ、売れるから高く売ろうという商売はせずに、当初からの値段を通したのもお客の信頼を集めた。特に競争相手もなく事業は順調に運んでいたが、4年目になってアルゼンチン政府に中古エンジンの輸入禁止の動きが出て来た。アルゼンチンでエンジンを製造していたドイツのペルキン社が、政府に輸入禁止要請を出したのだ。政府は要請から2年後に禁止令を出した。その後は在庫の商品はあるが売買はしなかった。部品はアフターサービス用に現在でも保管している。あれから15年も経つけど「エンジンまだありますか」との注文の電話もある。また、「まだエンジンの調子は良い」とわざわざ主店舗の靴屋に見せに来るお客もいる。エンジンはオーバーホールが必要だが、それを専門にしている工場がある。ピストンのシリンダーもリングもちゃんとあうようにつくって新品同様にする技術を持っている。エンジンの売買をやめた後、お客はその工場を利用している。

■車の中古シートに人気

車解体屋で前席のシートを取り外し、他の部品とは別に集積しているのを見た。フィリピンなどに輸出される物で、シート専門業者が出入りしていた。座席後方のシートは長くて1個体になって角度がある。比べて前席のシートは1個づつ別になっているので、車種の違う車にもフィットするためアジア方面から注文があった。日本の乗用車は6~8万キロ走行すると廃車になるのが多いが、シートは綺麗なまま。品質が良いし座りごこちもよい。アルゼンチンでは座席の電動の操作も珍らしがられた。

大量注文すると解体屋だけでは間に合わないので、専門業者に頼った。業者はたくさんあっていつでもストックがあった。シートは軽いので1度に相当数を運ぶことが出来る。試しに20フィートコンテナに入れてみると、いっぱい詰めても26トンはなかった。アルゼンチンの通行重量制限は26トンなので、問題はなかった。

ディーゼルエンジンの販売はブエノスアイレス市だけだったが、シートはブエノスアイレス、人口が2番目に多いコルドバ市、ロッサーリオにも支店を出した。各支店には日本人の責任者1人と、地元の従業員5人が働いた。

■喜ばれた小型トラクター

同じ時期に中古のフォークリフトも小型トラクターも輸入した。兵庫県近くのトラクター専門店から仕入れていたが、税関で中古ではないとクレームがついた。税関職員はタイヤを見て判断した。乗用車などは走行距離が中古の目安となるが、トラクターは使用時間で決まる。このトラクターは田圃で使われていたので、タイヤが摩耗してなかった。アルゼンチンの農家は広大な畑を持っているため、大型トラクターしか見たことがなく、この小型がハウス栽培施設で受け入れられ人気を呼んだ。また、宣太郎は修理専門の山里社員に頼んで、トラクターに円盤製の草刈り器具を取り付けた。移動が簡単で軽くてスピードが出る。1時間で2町歩の草を刈ることで評判になった。日本人会の農家には安い値段で販売した。アルゼンチン人の農家は「いろんな機械を買ったが、こんなに便利なトラクターははじめてだ」と喜び、知人らは「宣太郎は日本で使えなくなったのをアルゼンチンに運んで儲けている」とひやかした。

トヨタの新車販売からはじまった日本との車関係の取り引きは、宣太郎の事象を細かに見る好奇心とカンの鋭さによって、ディーゼルエンジン、シート、フォークリフト、中古小型トラクターの輸入販売につながり「こういう商売は一生ない」と言わせるほど好転した。商売人たる者、商品が売れれば売れるほど、値段を高くするのが一般的だが、宣太郎は値上げなど一切しなかった。さらに良い商品しか売らず、アフターケアに力を入れた。この事業から手を引いて15年経った現在でも倉庫には、取り替え用の部品を保存している。このような真摯な生き方が、外国人からも信用を得ているのであろう。

■期待と夢与えたWUB

花卉栽培から出発して、靴デパート、製材関係、トヨタ自動車販売をきっかけにした中古車・エンジン部品販売会社を立ち上げてきたが、それはいずれも屋宜宣太郎個人の事業であった。確かに事業から受けた収益は日系社会や公的事業に還元してきたが、裸一貫からの成功者と世間から言われるほどには、なぜか充実感が満ちてなかった。そんな折1997年に結成された沖縄県人の国際的事業組織である「ワールドワイド・ウチナーンチュビジネス・アソシエーション（ＷＵＢ）」は宣太郎の胸に大きな期待と夢を与えた。全世界に散らばるウチナーンチュが手を取り合って国際市場に参入する。ふるさとウチナーの経済的発展が目に見えるようだった。

ＷＵＢ組織は全世界に21支部ができた。アルゼンチンは１９９７年に支部を結成。それに呼応して宣太郎は２００３年４月、会員71人が出資する「共進貿易株式会社」を設立し社長に就任した。会社社屋は宣太郎個人が買ってアルゼンチン支部の事業が軌道に乗るまで賃貸は無料とした。第１段階はミニスーパーを開業し日本食品とアルゼンチン国産の健康食品を販売した。第２段階として国際市場へ進出するため、宣太郎はアンデス山脈の麓メンドーサ州マイプ市にワイン醸造所を購入した。２万６千平方の広大な敷地に１万５千平方の建物。アンデスの自然の溶け込むような古城然とした工場からは、１日８５０万《リットル》（トラック８５０台分）を生産していた。日本全国を視野に沖縄にも出荷していたが、現在はパートナーの人選がむつかしく生産を停止している。上海の企業が上海でビン詰めをすれば税金も安いので提携したいとの申し入れもあるが、家族の了解が得られていない。最高の自然に恵まれ、工場敷地も広い、

現在は休止中のワイン醸造所

機械はすべて新品。一切を任せられる信用できる人物を待ち望んでいる。

■アルゼンチンWUB結成

アルゼンチンのWUB支部はできた。ウチナーンチュの人口が多いブラジルとの連携をとり、南米各国さらに諸外国と市場を共有しようと動いた。ブラジルのWUB会長に相談したら、失敗した人の前例をあげ消極的な態度。アルゼンチンからニンニクを輸出したい。それをWUBブラジル支部で受け入れてほしいとの要請をした。ブラジル側がちゅうちょしたのは小切手の問題。市場は小切手で動いている。取り引きでどのような人物が小切手を切るか責任が持てないというのが理由。宣太郎はアルゼンチンWUBがブラジルに関連施設を造り、責任を持って出荷するから協力してほしいと依頼した。実際にトラック17台分の20トンを出荷したが、ブラジル人の人材にも恵まれず、大した興味も示さず話にのらなかったことから、継続できなかった。

２００４年に宣太郎は県人連合会会長になり、ＷＵＢ活動を活発に進めようと決意した。アルゼンチンで行われたＷＵＢ世界大会にはシンガポールを含む16カ国の代表を招待して盛大に催した。その後、大会に出席する度に少々疑問を感じるようになった。大会は一流ホテルで金をかけて主催国の政府の要人も招待して華々しく開かれる。大会は成功のうちに終ったかに見えるが、今後の活動の指針になるべきものが見えてこないのだ。出席者は多いが、肝心な各国から集めた見本品をじっくり見て回る人が少ない。商品や製品の取り引き話が活発に行われるだろうと予想していたのが見事にはずれてしまった。ただのお祭りさわぎに終っているようで、がっかりした。その後、ＷＵＢ大会への出席を控えている。年齢も考えての上だと口では言っているが、自身が期待していた沖縄経済の発展の夢が、今のところ見いだせていないのが残念のようだ。

第2部　日本人会と社会貢献

第1章　日本語学校の維持に奔走

■永住権取得に四苦八苦

フロレンシオ・バレラ市の具志堅花卉園から独立した屋宜一家は、同市ラカピージャ区に移転。そこで5町歩の土地を買い、60本のハウスを建て花卉栽培を続ける。翌67年にはラカピージャ日本人会と附属の日本語学校維持会の理事に推された。これが宣太郎の社会活動の第1歩となる。

南米移住地は60年から65年頃まで、不況に見舞われ隣国からアルゼンチンへの転住者が多かった。ラカピージャはラプラタ市が移民受け入れをしていたので、入植がやり易かった。パラグァイ、ボリビア、ドミニカからも来た。ブエノスアイレス州やラプラタ地域は小麦、とうもろこし、大牧場や放牧の一大農業地で、ラカピージャも肥沃で農業の最適地であった。県系人の先輩たちは1家族あたり5町歩から10町歩の土地を買って、64年頃はすでに落着いた生活をしていた。転住者は他県人もここで働き、日本人会をつくるようになった。

転住者はアルゼンチンの永住権をもってなかったので、永住権を得るため組織をつくり、移民課で交渉したが、当然持っているべき書類などないため、許可は得られなかった。次に頼るのは日本大使館しかない。代表10人が再三陳情に行った。日本人は勤勉でしっかり頑張っていることを知っていたアルゼンチン政府は大使館の要請を受け入れた。宣太郎はいっしょに行動したが、実はすでに永住権を持っていたのである。

第2都市のコルドバには、大々的に養鶏場をやっている日系人がたくさんいた。永住権を早く取りたいと考えていた宣太郎は、ボリビア時代からの友人・新垣善太郎にお願いした。善太郎は高橋日本人会長に依頼し、鶏の鑑別士の技術者として登録した。技術者は大歓迎だったので、すんなりと永住権を得た。具志堅花卉農場にいた1966年ごろだった。

永住権があれば呼び寄せが出来る。宣太郎はまず、家族9人をボリビアから呼んだ。店舗を借りて洗たく屋を開業させた。みんなの永住権も取った。永住権がないと将来に不安があった。洗濯屋は店舗を借りて、機械は新しいのを設置した。家族が多いからこの仕事は合っていた。弟や妹たちは畑仕事より街の生活が気に入っていた。宣太郎は家族全員が揃って、将来のことを話し合える場所が欲しかった。土地を捜し交通の便のいいところに本家を建てた。父一家、宣太郎一家が集まれる大きな家だった。金曜日の夜に集まって夜遅くまで話し、洗濯屋をもう1軒出すことなど相談した。開業や家の新築の費用は、模合いによる助けだった。

次に呼び寄せたのは父の弟の息子。宣順は16歳でボリビアで農業をしていた。頭脳明晰でアルゼンチンでなら成功すると見ていた。宣太郎は叔父と宣順を説得するため、ボリビアに行った。叔父は最初、乗り気でなかったが宣太郎の情熱に動かされた。宣順はしばらく花卉づくりをしたあと、宣太郎の靴店で修業した。20歳になった頃、7㌔離れた隣町に良い物件が見つかったので、1年後に靴屋をオープンした。宣順は見込み通り才能を発揮し事業も安定。移住者の2世、3世らの信頼や信用を得て現在、在亜沖縄県人連合会会長として活躍している。スペイン、ポルトガル語にも精通し、演説も論理明解さわやかで、対外折衝に力を発揮している。とりわけ、公の式典などでは日本政府代表や国会議員のあいさつ、沖縄県知事メッセージなどを同時通訳するなど存在感を見せた。

■ウチナーグチは日本語

永住権を得た隣国からの転住組の日系人はその後、ラカピージャから約20キロ離れた地に移って行った。全員が他府県人で鹿児島出身が多かった。県系人は1人もいなかった。移転地の名前がコロニア・ウルキーサ（沖縄方言で損をする、商売で失敗する）だったからと冗談を言って笑っていた。ウルキーサは活動が活発で、農業では栽培する農作物ごとに組織をつくり、植木や鉢モノ、花卉ごとに管理が徹底されていた。その生産物を一堂に集める市場を常設し、各組織、組合が競うように作り販売をしていた。多年にわたる組織力で現在ではすごく発展した地域となっている。

日系も県系も2世、3世には共通の悩みがある。県系はウチナーグチを日本語と思い込んで暮らしてきた。外に出ればスペイン語なので何の不自由も感じなかった。日本に出稼ぎに行った時に辛い思いをした。同様にウルキーサの2世たちは、日本語はペラペラ話すが、日本字が読めない。やはり出稼ぎに行った時、駅で切符が買えない。隣の人に行き先を告げ、幾らの切符を買えばいいかと尋ね、字が読めないと言ったら

「からかっているのか」とどやされたという話もある。関東で出稼ぎの県系20代の3世と働いたことのある男性は、彼らは日本語を聞くことはできたが、うまくしゃべれなかった。仕事は真面目で一生懸命。1日の手当1万1千円をすごい高給と喜んでいた。無駄使いもぜいたくもしないが、お肉が好きでよく食べていた。閉じ込もりがちではなく、連休を利用して富士山や京都方面へグループで旅行するなど積極的な生活をしていた。毎月父母の元へ仕送りをしていた。考え方はまったく外国人で失敗してもあやまらないので印象に残っているという。

■フロレンシオ・バレラ日本人会

アルゼンチンの日系企業で、日本組織の団結と発展、日本文化の継承と善良な亜国市民として活躍してきたのがF・バレラ日本人会である。歴史は古く1920年頃までに遡る。ブエノスアイレス州ペラサテギ市グティエレス地区には多くの日本人移住者が入植し、そのほとんどは沖縄出身で、野菜作りを中心に農業を営んでいた。第1次大戦後の世界経済の混乱の中で、幾多の困難を体験した。個人では独立の力がなかったので力を結集して現実を打開しようと、1931年1月、沖縄県人蔬菜園芸業協同組合を仲兼久仲助初代組合長のもと発足した。同業者の利益保護、団結、相互扶助を前面に打ち出し、金融部、救済部、購買部などを設置して順調に機能していた。1941年またまたの戦争。第2次世界大戦で組合は機能停止に追い込まれた。

戦後、1950年に名称をフロレンシオ・バレラ園芸業組合と改め再出発した。組合員は出稼ぎで永住目的ではなかったが、敗戦のショックもあって、帰郷を諦め近郊に土地を購入して転住した。その頃、花卉栽培が好景気となり、転業者が続出したため組合名称を改名したのである。また、組合は唯一の日本人団体として、市の行事にも積極的に参加し、日本人社会では文化事業や運動会などを開催して、親睦と融和を図った。1世の時代は昼、夜なく働き、落ち着いて考えると組合の結成から20余年の歳月が過ぎていた。2世の子を持つ親が増え、子弟教育の大切さに目が向けられてきた。情報交換の場、とりわけいつでも交流のできる場所が欲しかった。スポーツのできる運動場、会館、教室は最低限必要だった。1952年に土地を購入、運動場整備作業にとりかかった。翌53年に会員の奉仕作業で立派に出来上がり、地区別対抗の運動会が開かれた。会館は建設委員会を組織。全組合員の積立てた資金や寄付金、頼母子講（模合）、内債で工事は進んだ。当時では珍しいほどの大きな会館が完成。他の日本人団体の羨望の的になった。当時の新崎康光組合長は、日本の領事、バレラ市、在亜日本人代表機関・団体を招待し、盛大な落成祝賀会を開催した。1957年には会館内に日本語学校を開設した。

学校の運営を維持するために、今日の父母会にあたる維持会をつくった。山里平昌初代会長は、遠距離の子供たちのために、各地区に個人の住宅の一室を借り、分教室を設けた。当時の維持会員は45人で生徒数は90人だった。日本語学校の設立には比嘉政俊、岸本浩の東奔西走の努力が光った。こうして、フロレンシオ・バレラ地域に戦後初の日本語学校が誕生した。

1960年代前後、隣国パラグァイやボリビアから多数の日系人がアルゼンチンに転住した。バラバラに生活する人たちが協同する必要性を感じた与那城松雄らが推進して、バレラ地区を中心に、カピージャ、ウルキーサ、ビジャエリサ、キルメス、ソラーノの各地区を一括した広範囲をまとめ、大きな団体を組織して南部日本人クラブを立ち上げた。同クラブには文化部や運動部が設けられ、多種多様な行事を催し、日系社会の親睦と融和、交流を深めた。広範囲をひとつにまとめたにも関わらず、その後も隣国からの転住者は増え続け各地域に新たな日本人会が誕生するようになった。

このような状況から南部日本人クラブは72年、臨時総会を開き、クラブの解散と名義変更を協議。長時間の議論の末、満場一致で発展的解散を決議した。新名称は「フロレンシオ・バレラ日本人会」に改めた。同時に日本語学校もフロレンシオ・バレラ日本語学校に改名された。日本語学校は手狭になったため、比嘉栄順所有地に校舎を移転した。比嘉は当時の維事会員の経済的負担を考えて、子弟の教育の場として校舎敷地と広い運動場敷地を長年にわたり無償で提供した。

70年代に入ってアルゼンチン国の経済状況もやっとよくなり、日本人社会も安定してきた。そのためか、県人園芸業組合の利用者が徐々に減っていった。同組合では存続か解散かの瀬戸際に立たされ、臨時総会を招集した。組合の資産問題も持ち上がり紛糾したが、2代目と4代目会長の具志堅政吉はじめ、与那城松雄、平良武八郎らの説得と努力の結果、「組合の全財産は地域の日系人社会の強化と発展のため、フロレンシオ・バレラ日本人会へ無償で譲渡する」ことが決議された。77年7月、組合員多数、関係者出席の下で、比嘉アントニオ弁護士が立ち合い、6項目に及ぶ契約書に署名された。早速、社団法人認可の手続きが進められ、法人格を取得し、正式な日本人会としてより活発に活動を開始するようになった。

学校教育では、特に日本語だけ学ばせるのではなく、外国語教育にも力を入れるようになった。日系社会は狭い。どんどん外に出て、異文化を学べば将来大物になるとの考えがあった。実際、2世、3世は親の職業を継がず弁護士、医者、会計士、技師、公務員、政治家になる人たちが出た。ペルーのフジモリ大統領のように、日本人系から国の頂点に立つ人物まで出た。

■組合結成当時の苦労

蔬菜園芸業組合の初期から会員で、戦後は同組合長にもなった父・新崎康光と共に、バレラ日本人会で活躍したモデスト・康浩（83）は述懐する。「組合結成当時は言葉や習慣の相違から、日系経営者と現地人の就労問題で苦境に陥ったこともあった。バレラ地域は分譲地が多く舗装道路より奥に栽培農家は散在していた。運送業者は非日系人で未明の4時頃、舗装道路で花卉を積み市場へ運ぶやり方だった。舗装道路まで馬車あるいは担いでの長い道のりは、雨の日や厳冬の時は過酷だった。現状打開のため出荷システムや出荷組合組織を模索したが、広範囲のためまとまらなかった。次に集荷運送方式で、夕方集荷形式をとったが、翌朝市場で販売するまでに時間がかかり過ぎるとの理由から反対が出て、27軒で始めた。結果はこの方法が花は長持ちすると分かり、日系、非日系を問わず出荷申し込みが殺到した」。

康浩はブエノスアイレス南部近郊で生まれたが6歳の時、兄・康雅と勉強のため沖縄に行った。父の出身地の名護ではなく、辺土名高校を卒業して、1950年に帰国した。この経験から、日本語教育の重要性を認識し、長年、学校維持会の理事、会長職に就き学校運営を充実させた。また、花卉栽培がガラス温室からビニールハウスに移った時、市役所が大きな収入源として課税の対象を検討中とした時には、花卉業者にとって死活問題だと、全業者に組織化で対応することを呼びかけた。やがて、日系花卉業者協議会を組織し、会長になった時は、交渉に埒があかない市役所を通り越して、バレラ日本人会会長として州政府と直接交渉。撤廃にこぎつけ邦人花卉業者を苦境から救った。康浩は長年にわたる日系社会とアルゼンチン国への貢献が認められ、2008年春の叙勲で旭日単光章を受けた。

■小今帰仁村

宣太郎がラ・カピージャで、花卉栽培業を独立経営したころからの先輩で、現在もバレラ日会の老楽部の世話役をしている、今帰仁村出身の金城郁夫（86）は、「ラ・カピージャ移住地は広大でアルゼンチン政府の所有地であり、1950年初期に時の大統領、ファン・ペロン将軍が、外国人移住者を優先的に誘致する目的で造成された。イタリア人、ポルトガル人、日本人に各戸5町歩の割合で、15カ年払いのきわめて低利だった」と語る。当時の邦人移住者は45戸で、その内32戸は沖縄出身。今帰仁出身が9戸で、それまでの移住者を合わすと25戸になり〝小今帰仁村〟と呼ばれていたという。子弟教育に熱心な彼等は、花卉栽培で儲かると交通の便利なブエノスアイレス市に移り、現在では5家族に減っている。60年代に入るとカーネーション栽培が大流行。作ればいくらでも売れる好景気で、隣国ボリビア、パラグワイ、ドミニカから邦人が再移住してきた。邦人は50家族に満たなかった地は、約千人の人口にふくれ上がった。金城は移住地の盛衰を宣太郎と語り合いながら、後輩の努力の結果を喜んでいる。宣太郎は康光、郁夫の生き方から社会奉仕の大切さを学んだ。

フロレンシオ・バレラ日本人会は、２００７年8月12日に、屋宜宣順会長の下、バレラ日本人会創立75周年と日本語学校設立50周年の記念式典を大々的に開催した。

■手づくりの教室・備品

宣太郎は南部日本人クルブが発展的解消し、フロレンシオ・バレラ日本人会に名称替えした１９７２年に、日本語学校理事になった。園芸業組合から無償で譲渡された学校は、築20年も経っており補修が必要だった。作業は維持会メンバーが当たった。なるべく費用をかけず、木材をさがし、骨組みをしっかりしたあと屋根や壁にトタンを打ちつけた。もちろん机、腰かけその他の用品もすべて手作りにした。作業をしながら終戦後の沖縄の学び舎を思い出していた。土間は土くれで雨が降ったら茅の屋根からは雨漏り。土間は泥んこになった。傘をさしての授業が思い出された。

■維持会再建に奔走

１９７９年に宣太郎は、バレラ日本人学校の維持会会長となった。時、折り悪く日系人社会は経済的に苦しんでいた。維持会費徴収が思うようにいかず、教師に支払う給料にも事欠いた。

このような状況で尻込みをしたら負の連鎖にしかならない。積極的に動こうと決意した。自身の事業を優先しながら、その合い間や夜に父兄の家を訪問し、会費の協力を依頼した。また、会員未加入の家族を回り、入会勧誘もした。日系子弟に対する日本語教育がいかに大事か、その重要性を説いた。役員の打ち合わせや父母の会合は夜に行った。会長の仕事と交際は幅広く、日曜日も休めなかった。以前、宣太郎は教師の給料を上げるべきとの要望をしたことがあった。教師は移住者の夫婦だった。月、水、金の週３日出勤だから、上げる必要はないとの意見もあったが、宣太郎は出勤は３日でも教材づくりの難しい仕事があり、年中行事の学芸会の準備や練習、プログラム作成、日程調整など時間がかかる。月々の行事のわずらわしさは、一般の人ではわからないと主張した。一方、立派な教師の確保や生徒の募集に力を入れると共に、教材の充実、施設設備の整備に力を入れた。生徒の数も年々増え、１００人を下らないようになった。

譲渡された土地には会館があった。老朽化して危険な状態だったが、手を加えればまだまだ使える。改修に乗り出した。間仕切りを取り払い、崩れ落ちそうな屋根も組み替えた。使えなくなった備品は新調した。会館改修のための予算はなく、もっぱら会組織に頼った。宣太郎は必要な資金の調達に奔走した。

以前、日本人学校はスペイン語学校のように州、市の公認校ではなかったため、補助や援助がなかった。道路補修工事に市が機械を出すくらいだった。校舎1棟の2教室で月、水、金が登校日。午前の部と午後の部に分かれた。スペイン語学校は月曜から金曜日までなので、そこへ通う子のため土曜クラスも設けられた。学校設立当初、120人ほどの適齢生徒がいたが、半数しか登校しなかった。

教室などの補修、会館の修復、その他の事業のたびに会員から寄付を募ってきた。宣太郎はお願いだけでなく、みんなが喜ぶことはないか考えた。学校のある広い敷地には会館もあり人がよく集まっている。ここの環境をもっと良くし、より多くの人が集まって楽しめる場所にしたい。会館の隣地にトラック40台分の土を運び入れ、整地して立派なゲートボール場を開設した。また、校舎の横にも20台分の土を入れ造成した。そこには後年、新校舎が建設された。60台分の土は宣太郎個人が調達したものだった。公衆トイレも改修した。このトイレは数メートル先にいても悪臭がするほど汚れていた。宣太郎はトイレ一式分のタイルを寄贈し、水回りも立派な現代的施設が出来あがったのに満足した。狙いは的中し、地域の行事、ピクニック、バザー、サッカー、結婚式、盆おどり会場として定着し、2町歩の広い空間が人の波で埋まるようになった。それは経済効果だけでなく、散在する350家族の会員融和と福祉向上に大いに貢献している。今や屋宜宣太郎はアルゼンチン人の間でも事業家としてだけでなく、社会活動家として知られている。

■にぎわう学校行事

年間を通して催しや行事はたくさんある。学校関係では各地に約30校ある日本人学校が、年1回学芸会を催す。子どもたちがどれほど日本語を話せるようになったかに関心が寄せられ、子ども自身も家族も浮き浮きしながら会場入りする。そのほか、お話大会や図画コンクールも人気がある。教育連合会の主催によるものだが、運動会や陸上競技大会はアルゼンチン全州の支部が出場し、はなやかな応援合戦がくり広げられる。5000人もの日系人が集まり、裏方として婦人部が活躍する。このような大会には、商社マンの学校は参加しなかった。

一方、アルゼンチン人の学校には運動場はない。当然、運動会や陸上競技大会はない。バスケット、テニス、バレーボールはクラブでやるが、野球場も少ない。その代わりフットボール場はどこにでもある。生まれてヨチヨチ歩き出した子に、まずサッカーボールを渡すというお国柄。サッカー競技へのフィーバーぶりは日系人たちの度肝を抜いてきた。

第2章　宜野座村の研修制度

■30年も続く子弟研修

教育に関しては1世の出身地自治体の研修生制度が大きな効果を上げている。宜野座村は村人会の研修制度要請を受けてから、2015年で30年を迎える。ペルー、アルゼンチン、ブラジルから各1人を受け入れ、村からは2人ずつ送り出し交流を深めている。2世、3世は8月から11月までの3カ月間、日程通りのスケジュールをこなし、午前、午後に分かれた講座は8月は日本語が主。週1回は本島内視察がある。村内の行事の畜産共進会を見たり、旧盆エイサーに参加したりする。9月は日本語講座と視察研修を続けながら、保育園と役場の研修をする。15日からは希望研修で、空手、沖縄料理、技術・物理部門を学ぶ。10月は楽しいスケジュールがいっぱいだ。まず、宮古・八重山への研修旅行。同じ沖縄でも自然環境、生活文化、言葉の違いがあることを知る。幼稚園児との読み聞かせや小学校生との交流学習を午前で済ませる。午後と夜は祖父母や父母たちが、なれ親しんだであろう琉舞を胸ときめかせて踊る。古典の意味を知るよしもないが、足の運び、手指の動き、顔の表情を見のがすまいと教師を追う。衣装の華やかさと小道具のしっとりした美しさに、ルーツの文化の奥深さを感じ取る毎日のようだ。

■仏壇を沖縄から移す若者

たった3カ月で日本語を話し、歌、三線、舞踊を覚えた研修生たちの、南米県人会組織での活躍は目ざましい。学んだ沖縄の文化を後輩たちに教える一方、県人会の行事を取り仕切るようになった。県人移住100周年の記念事業や式典の際は、プログラム作りから、式次第、舞台演技にいたるまで面倒を見た。

1世がやってきた仕事を今、3世、4世が引き継いでいる。また、国外からの来賓を空港や駅に出迎え、観光案内までするようになった。父母が昔の苦しかった時代の話を再三すると部屋に逃げていた青年たちが、今は座り直して耳を傾け、質問をするようになったという。トートーメー（仏壇）を沖縄から移してくる青年も出て来た。

研修生経験者のまわりに若者たちが集まるようになり、県人会の集会にも参加するようになった。週末は会館に集まり楽しいひとときを過ごす。1年に数回バザーを開き多くの人を集める。県系人だけでなく外国人もワンサと来る。ヒージャー汁まで出して、まるで、1世の時代に返ったような雰囲気。親は野菜、花作り、洗濯業をしてきた。2世、3世は農業はしないが、土地は売らず地元の人に貸して街で生活している。大学を卒業した人たちは教師、弁護士、税理士、医者、技師など社会的地位の高い職業についているのや、多方面で活躍している人が多い。アルゼンチン社会で日系人は信用がある。これは1世が残してくれた貴重な財産となっている。

宜野座村人会は2013年、移住100周年と村人会発足60周年の記念式典を開いた。郷里・宜野座から當眞淳村長、多嘉山朝安議会議長、村会議員、各区の6区長、一般村民らが出席した。アルゼンチン在住の各市町村代表や各団体代表、公的機関の長、会員ら約300人の盛大な催しとなった。ここでも活動主役は29人の研修卒業生だった。日本語での開会あいさつから、舞台での歌、三線、舞踊を披露した。圧巻は幕締めのカチャーシー。若い人たちが舞台に上がり、輪に入れない若者は舞台の縁に座って手と足をたたいていた。カチャーシーは終幕を意味するもの。しかし、帰ろうとする人はいなかった。

宜野座村人会のアルゼンチンへの入植者第1号は、村内で移民の父と呼ばれた仲間平助。放牧業目的にチリ国に入ったが、夢叶わずアンデスの山脈をロバと越え、アルゼンチンに入った。皿洗いしながら生計をたて、戦前、戦後にわたって、村から若者を呼び寄せた。１９５３年に70人で発足した村人会は、現在会員約２８０人。

宜野座村の移民に対するまなざしは温かい。宣太郎が１００周年式典への協力願いに村を訪れた時、村は多額を寄付した。各６字も協力した。移住1世は高齢で5～6人しか残ってない。元気のうちにお祝いを申し上げたいと村の幹部たちは、慶祝団として式典に出席した。

■宜野座村内で多分野研修

宜野座村が１９８６年から取り組んでいる南米ペルー、アルゼンチン、ブラジル３カ国研修は２０１３年で88人の終了生を送り出した。初年度は7人で年齢は20代２人のほかは40代、50代もいたが、第２次からは20代が圧倒的に多くなった。２世、３世たちは日本の政治、経済、文化を学ぶことを主軸に、さまざまな分野で研修をした。農業研修、自動車整備、建築設計、臨床検査、コンピューターなど南米に帰っても勉強が続けられる内容だった。20代の2世、3世たちは農業土木設計やマーケティング、広報・宣伝、防火施設の新しい分野にも分け入り、歯科や観光業務にまで進出。最近では書道、三線制作、獅子舞い、琉球料理、舞踊、空手と文化関係を学ぼうとする姿勢が見られる。

この事業は南米の子弟に必要な技術を修得させ、村民や県民との交流の中から、南米の国々の発展にいささかなりとも寄与する目的で実施している。また、村民の海外移住や国際交流思想を高め、外国と沖縄との友好親善を進める狙いもある。それらの目的は28次までに成果は表われているが、今後継続することで、さらなる発展が期待される。

研修のほかに沖縄事情の現状を同胞に知ってもらうために、宜野座村は30年以上ものながい期間、「沖縄タイムス」紙を送り続けてきた。県人会館に行けば、いつでも沖縄の今が手に取るようにわかるとあって、多くのアルゼンチーナ・ウチナーンチュに重宝されてきた。

第3章　在アルゼンチン日本人会

■亜政府も認める実績

在アルゼンチン日本人会（後に日系団体連合会に改称）は、日系社会を代表する機関である。在亜沖縄県人連合会が県系の各市町村人会の総元締めであるように、日本人会には各県の組織と団体が加入している。各団体が代表を理事として出す。決議事項は理事会で協議する。同会は長い年月においてアルゼンチンの経済発展や社会づくりに貢献し、その実力と実績は政府からも認められ、事業を推し進める中で厚遇も受けてきた。アルゼンチンの社会に溶け込みながらも、子弟の教育のための学校建設、余裕のある生活のための共通の娯楽施設や運動場確保、会館建設、日本文化アピール施設、病院建設などを進めてきた。各県連の協力の中で、特に日本人会社会における圧倒的人口の多さを誇る沖縄県系人の働きは見逃せない。一方で組織が分裂し二分された場合の力関係に影響を及ぼす存在でもあった。日系者人口は現在約5万5千人。

7割が沖縄県系人。

国の要人の歓迎、皇室のご訪問、現在は機会がなくなったが、5年に1度くらいあった自衛隊練習艦隊の歓迎会には、日系人に呼びかけ協力券の販売などをした。近年の日本人会でリーダーシップを発揮して、諸事業を計画実現あるいは頓挫した人物がいる。2014年に92歳で他界した実業家でドクター（日本医師免許）の宇野文平在亜日本人会元会長。能力と実行力を兼ね備え、スペイン語にも堪能で弁も立った。対外交渉力にも優れていた。日系社会にすごい功績を残し、誰もがその実力を認めた。が、その歯に衣着せぬ単刀直入の言動から誤解（曲解）を生み、反発して反対に回る人たちも多かった。小渡三郎元衆議院議員とは海軍の同年兵。

ブエノスアイレス市の公園地域で高給マンションが立ち並ぶ近くに活用されてない一角があった。市の所有地で環境のよい所であったが、草がのび放題でノラ猫の巣になってい

在亜沖縄県連合会館＝「あるぜんちん沖縄系人電話帳」（1996年）より

た。そこに1979年「パレルモ日本庭園」が完成した。4〜5町歩の広い庭園で純日本式は人目をひいた。日本人の憩いの場で日本の文化を他民族が集まるアルゼンチンで、紹介できる場を計画していた宇野会長が市側と交渉して無償で借り受けた。日系団体が庭園をつくり管理もするという提案を、街のオアシスの一部になると市は快諾した。宇野会長は別に4町歩の運動場を日系社会の広場として無償でもらい受けてもいる。

■市中心部に日本庭園

庭園建設の時、宣太郎はフロレンシオ・バレラ地区代表の日本人会理事だった。広い土地に日本独特の庭園を造る。庭だけでなく主たる建物、付随する茶店も設置する。築山も池も太鼓橋も宣太郎はしっかり見たことはなかったが、建設委員になっていた。日本人でさえ立派な日本庭園を見る機会は少なかっただけに、地球で日本の反対側にあたる異国での建設は多難だった。まず、技術者が少ない。多くの外国人作業員は、仕事の内容を理解できないまま、監督の指示に従って動いていた。最大の懸案は予算だったが、会員の寄付、企業の援助、日本国政府や法人への要請で資金調達した。3

年がかりの工事だった。

市の中心街で緑陰公園地に日本式の公園が姿を現わした。門構えは寺社のように大きな丸太を左右の柱に、軒や屋根は瓦を配した。武家屋敷のような白壁が双方に伸びている。木戸をくぐると目の前に美しい庭園。左右に遊歩道があり、おみくじを引く茶屋がある。中央に蛇行する池には無数の鯉。石の太鼓橋に赤い欄干、水際の菖蒲、しだれ柳が風に揺れる。周りの大木に見守られながら、松や竹林、こんもりと円く刈り整えられた小木が、お休み所の茅葺き小屋を包む。8月に咲く桜や白梅を見ると日本の裏側を実感する。日ぐれともなれば灯籠に灯りがつき、日本庭園の風情をさらに深める。うっそうとした森を背景に建つ2階建ての建て物には1階レストラン、2階は各種展示場の催し広間がある。

ブエノスアイレスに来て日本庭園を訪れない観光客はいないとさえ言われ、今や観光のメッカとなっている。結婚式の記念写真を撮る人たちも多く、季節によって祭りや生花、お茶の作法など着物姿のイベントも多い。日本相撲をはじめて開いた頃は「お尻を見せてみっともない」との意見も出たが、宇野会長は〝日本の文化〟だととり合わなかった。

■百年祭は分裂開催

１９８６年は日本人移住者がアルゼンチンに入植して１００周年にあたる。日本人会では百年祭をパレルモ日本庭園で開くべく準備を進めていた。庭園内の補修と「茶亭」の完成が急がれていた。ところが、百年祭は、初めてアルゼンチンに入った牧野金蔵の入植地・コルドバで行うべきだと主張するグループが現われた。在亜日本人会主催の「日本人移民百年祭」とコルドバ州日本人会主催の「牧野金蔵移住百年祭」に分かれた。宇野文平は「祭りはどこでやっても構わないが、中心地はどこかを考えないといけない」とブエノスアイレス市を主張した。

庭園の補修と茶亭の工事は、〝百年祭紛争〟と絡まってうまく進まなかった。宮大工は帰国し宮大工がすべき仕事を現地の作業員に任せた。予算はいつも不足し中途で作業はストップした。百年祭までに茶亭を完成させたい宇野は、大宜味村出身の山城保秀に協力を求めた。山城はボリビア第1次移民の１人で23歳に移住し、その後アルゼンチンに再移住した。沖縄では全県下に名が通っている〝大宜味大工《セーク》〟で腕は確かだった。山城は「ヤマトゥの茶亭は見たことはなかったが、仕事は出来そうな気がした。工事は中断していたが、材料がいっぱい残っていた。もったいないと思って引き受けた」と81歳になった今、当時を振り返る。工事は再開されたが資金は途絶えがちだった。役員会を週2回開き、資金調達を話し合った。宣太郎は宇野に1口500ドルの債券募集を提案した。自らは駆けずり回って200人余から集めた。反対の風潮があったにもかかわらず、多くの協力者がいたのに安堵した。工事は試行錯誤を重ねながらも進み、百年祭に間に合わすかたちで900平方メートル（約30坪）の瓦ぶき平屋の茶亭が完成した。

百年祭は結局、在亜日本人会主催とコルドバ州日本人会主催で、別々に挙行された。百年祭紛争後、宇野は失脚した。

■庭園に茶亭を完成

日本庭園は茶亭を備えて、無事移住百年祭を終えたが、その後管理運営をしてきた在亜日本人会から、市が管理権を返上させ、他の同じ日本人組織（新組織）に管理委託をしたことから問題がややこしくなった。茶亭を造る時多くの人が債券を買って協力したが、その返済を新しい管理団体は拒否した。「現管理団体が借りたのではないから払えない」との理由。宣太郎は200人余から金を集めたことから、引き下がることはできなかった。「管理をどこの団体がやろうが関係はない。私たちは日本庭園の充実のため、それがために協力した。事実、庭園はこのように活気を呈しているのではないか」と理事長と再三交渉した。結果、人数が多いことから各グループに分けて、月毎に返済されることになった。2年に渡ったが債券者は利子つきで返してもらった。しかし、いちばんの大口で当時、アパート1軒を買える値段を協力した宣太郎にはなぜか、29年経った現在も返却されていない。庭園は相変わらずの人気で入園者も多く、レストランも繁盛している。宇野が日本庭園のシンボルとして建てた茶亭は今はなく、レストランの一部に変っている。

■個性派の宇野会長

宇野文平はその個性の強さで、敵も多くつくったが、他府県系は宇野の功績を支持し、宇野派だった。相手が国家だろうが日本国大使であろうが、自分の考えを堂々と主張した。1982年にアルゼンチンとイギリス間で勃発したマルビーナス（フォークランド）領有権問題戦争で、日本はイギリス寄りだった。宇野は「日露戦争の時、アルゼンチンは軍艦を派遣して日本の味方をした。なぜ今、マルビーナスから遠く離れたイギリスを支持するのか」と反発し「私たちはカオは日本人だが、心はアルゼンチンです」とプラカードを持ってブエノスアイレスの中心街をデモ行進した。この5千人を超すデモ隊をたった1日で組織した宇野の行動力と影響力は計り知れない。その後、日本政府は中立の立場をとったという。

宇野と駐亜日本国大使との大口論もうわさに残っている。内容が国際的な問題か個人的見解の相違かは明らかでないが、大使が相当立腹したとのこと。アルゼンチンでは日系社会に功績のあった人が、国から叙勲を受けることを栄誉としている。その事からすると宇野は最優先の候補になるべきだが、本人の意志で候補者にならなかったのか。巷では大使との問題が尾を引いているとの見方がもっぱらだった。

沖縄県人会の幹部の中にも宇野に反発する人達がいた。目上に対する敬いがないとか命令口調。ひいてはウチナーンチュをバカにしているとの理由だった。日本人会へ沖縄側から理事として出て、日本庭園の建設や改修工事などに宇野と一緒に働いた宣太郎は、別の見方をする。「相手の気持ちを推しはかって話をする仕方はしない。仕事をする時も相手がモタモタしていると感じた時は怒鳴る。会議の時も同じで特定の地域、人物だから対応が違うということはなかった。常に自身がやるべきこと、目標に向かう姿勢を持っていた」。宣太郎は宇野が言った「みんなが言うことにいちいち耳を貸す人は、結局何もなし得ないし、立派なリーダーにはなれない」との言葉が印象に残っている。確かに独断的な面もあった。沖県連が高齢者福祉の宿泊施設を計画した時は、「仕事をする人がいなくなる。惰眠をつくる」と言い放った。

■日系の総合病院は挫折

日本人会による総合病院の建設構想を宇野は持っていた。日本人会館の近くにはすでに小さいながらも産科、内科、外科のある病院を確保し、日本人医師が勤務していた。ほかの病院に行くと言葉で難渋していた1世や2世からは大変喜ばれた。時違わずいニュースが伝わってきた。市が運営していた病院の管理がうまくいかず閉鎖していた。調べてみると敷地は広く、交通の便よし、場所も申し分ない。何よりも医療設備や施設がそのままのこっていて、あとはベッドや布団など細々したのを揃えればよかった。宇野の構想は、総合病院をつくり日本とも連携をとって、日系医師を集めて研究・研修の場にしようというもの。アルゼンチンにはヨーロッパ人の各民族病院があり、イタリア、スペイン、ドイツなどが国の援助を受けていた。この構想にも異論が出た。「日本人会は営利団体ではなく、親睦団体だから国が援助するのは無理」との意見。しかし、宇野は先の小さな病院設立の際に、日本から移動検診車を無償で配置してもらい、遠隔地診療にフル活用した経験があり、日本との協力取り付けには自信があった。日本からの医療機器をアルゼンチン政府を通して受け入れ、それを総合病院に回してもらう。病院は日系人だけでなく、全市民に開放する考えだった。しかし、ある程度の施設設備は残されているとしても、開院するにはそれ相応の資金が必要だった。〝笛吹けども踊らず〟で、協力者が少なく構想は無に帰した。

日本人会がまとまっていたら実現できたであろう社会的大事業の挫折を思うたび、宣太郎は自身の非力さを悔いている。隣国で沖縄の移住者も多いペルーのことを考えると尚更だ。ペルーは移住者が大企業などの協力を得て、大型寄付などで７００万ドル（約7億円）を集めた。17階建てのオフィスも入居する病院には、朝から日系人だけでなくペルー人も３００メートルほどの列をつくって並ぶという。ペルーの治安は悪いといわれるが、文化会館にスポーツの場を設け2世、3世たちが仕事帰りにバレーボールやテニスを楽しみ、レストランで憩う生活ができている。

宇野とは4年間、一緒に仕事をした。知人からは「宣太郎はいつから国籍が変った(ヤマトゥンチュになった)のか」と皮肉られもしたが、ある先輩からは「宇野に学び、自分が信じることを全うしなさい」と激励もされた。確かに良い面、個性が強すぎる面もしっかり見て、人生の勉強をさせてもらった。宣太郎は沖縄県人連合会幹部が2派に分かれて対立した時も、どのグループにも与《くみ》せず、中立の立場を守った。

第4章　うるま園建設

■困難な事業

アルゼンチン沖縄連合会が発足した時の達成目標は①社団法人の認可②県人会館建設用地③運動場の購入―だった。①は1955年に、②は1957年に取得したが、運動場購入だけは莫大な費用がかかるのと、用地選定がままならず遅々として進まなかった。青少年の健全育成には、理想的なスポーツセンターが必要だと痛感していた。用地は1967年にカステラール地区に3町歩半を購入した。この時期は宣太郎が花卉栽培事業を立ちあげた頃で、積極的な関わりはしていない。初期からの関係者の書によると、困難な事業だったことがわかる。

■用地取得と開発の困難さ

運動場取得を会議で決定してから10年余が過ぎていた。その間、機会あるごとに国有地の払い下げや、無期限の借り受けなど交渉を続けてきた。若手役員が中心になって計画を立て、実行に移した。建設委員会を組織して候補地選定委員を3班に分け活動。第1候補地、第2候補地が比較検討され、立地条件、環境、地価、支払い条件に合致したエセイサ地に決まった。念には念を入れ弁護士や幹部役員が関係官庁を調査し、売買可能の確認証を得たので契約となった。ところが、保証金と手数料を払ったのに登記期限になっても連絡がない。問い合わせると書類が完全に出来上がってないので、登記はできないが、仮登記をしようとの返事。疑問に思って、管轄官を通して調査したら、該当地は中央市場として接収されていた。ブエノスアイレス市にも相談し、懇切丁寧な説明を受けたが、結局は破談となった。移住してこの方、勤勉実直、誠実に生きてきた県系人にとって、信じられない無念な出来事だった。

後に運動場敷地は手に入れた。あとは計画的に施設・設備を整備すること。まず、名称が必要だ。懸賞募集の結果、琉球の雅名で県民に親しまれている「うるま」が選ばれ「うるま園」と名付けられた。運動場施設は継続事業として計画された。限られた資金でどのような施設ができるか。とりあえず用地を整備して年中行事の体育大会と、運動場開場式を11月に挙行することを、6月の役員会で決めた。役員会では大衆の集まる催しには、飲料水は衛生施設を整えるべきとの声があり、飲料水係、電気配線、衛生整理、選手更衣場、シャワー場の各係・担当を決めた。各施設ごとの見積りが出来上がったが、業者との入札額は桁違いの数字となった。

大雨と原始林さながらの樹木の除去に手間取り、11月開催予定だった体育大会は、12月に延期となった。業者との工事費用の件でも折り合いがつかず、州の道路局や市役所に重機類借用の伺いを立てた。モロン市役所の市長には土地購入時に、運動場が開設したら区域の学校にも週日は使用させると話していたので、スムースに進み土曜、日曜なら運転手の労賃と燃料費負担を条件に快諾してくれた。道路局の煩雑な手続きや早急な機械利用は不可能とわかった矢先だったので、関係者は胸をなでおろして喜んだ。

作業は始まったが、週2回では12月10日の大会には間に合わない。市役所に再度お願いして、平日も作業が続けられた。重機や各種機械、トラック、散水車まで続々投入され大工事となった。12月に入ってからは突貫工事で会員は労働奉仕、市長や市幹部、現場監督らが最善の協力をした。アルゼンチン体育連盟の献身的な援助もあって、開場式と体育大会は日本大使館、モロン市市長及び高官、邦人団体代表、日本人会長、遠くコルドバからも参列し、５千人有余が祝った。この時の在亜沖縄県人連合会の会長は、今帰仁村諸志出身の玉城源五郎だった。

■うるま園の改修

うるま園が開園してから30年余が経った。当時、ブエノスアイレスから45キロ離れた地は別荘地ではあるが、交通の便が悪くわかりにくい場所と不評をかっていた。その後、高速道路が通り、園の周辺は以前とは打って変わって便利になり、利用者が後を絶たない程にぎやかになった。敷地は3町歩半から4町歩余になっている。年月と利用者の多さで、休憩所、更衣室、洗面所などの施設は老朽化していた。沖縄県人連合会の副会長であった宣太郎は２００１年、会員に呼びかけ改修に乗り出した。

■一新した食堂、トイレ

うるま園の門から入って１００メートル右側に食堂があった。窓もなく、ソーメン箱を利用したテーブルは、夜は犬が寝そべる。水回りのある流し場はトービーラー(ごきぶり)がいっぱい。改修にあたっては外部のとり壊しはしないで内部改造とした。窓がなく暗かった部屋は、壁一面をガラス窓にした。屋根は以前のように茅ぶきにした。ここでは焼き肉・バーベキューをするので、雰囲気を出すためには茅が似合う。茅を乗せるために組んだ天井の小木は縦横に走り、質素ながら自然の造形美を見せていた。沖縄のガヤブチヤーを思いださせる演出だった。

奥の炊事場はタイル張りにして清潔に。水回りも工事を仕直した。食堂と炊事場との横には、誰もが気軽に立ち寄れるユンタク(雑談)場所を設けた。ゲートボールやスポーツをしない人たちが集まって語り合えるようにした。一隅のマチヤグワー(売店・キヨスク)は、飲み物からお菓子類、雑貨を売るようにした。現在、このマチヤグワーの利用者は多い。食堂を改装してホッと一息ついたところ、婦人部からトイレ改築の願いが出た。トイレも朽ちて悪臭を放っており、訪れる人にイヤな思いをさせてきた。

■本土出稼ぎ者の協力

トイレ改築に取り組もうとしたら予算がない。先に行われた県人会連合会会館の改修工事やその他の県連会関係の行事への対応で支出が増え、一般会員も寄付・募金に協力の連続だった。宣太郎も食堂の内部改造で窓のアルミサッシやガラス、テーブル、イスを寄贈したばかりなので、次の金策を考えねばならなかった。宣太郎は日本に出稼ぎに行っている人たちに協力を仰ぐことにした。出稼ぎの人たちは、日本に永住を決めた人も多く、グループごとに連絡が取れるようになっていた。どのくらいの金額が必要かとの問いに、1万^{ドル}以上が必要と答えた。2～3週間内でお願いした。1週間経って連絡が入った。49人から1万^{ドル}と匿名希望の個人から5千^{ドル}が手渡された。宣太郎は短期間に大金を集めてくれた同胞に感謝しつつアルゼンチンに帰った。

この寄付金ですべての工事が完了した。壁を取り払い、上等なタイルを敷いた。便器などは国際空港に設置されている、見栄えがよく便利で頑丈な物品を施した。シャワー室を備えた男女別のトイレにした。手洗い場は大理石で豪華に大きな鏡で化粧がしやすいように配慮した。しかも、トイレ利用者が列をつくらないように、要所ごとに配置した。完成後のパーティの時、乾杯のあいさつをした人は「腹にあるモノを全部出し尽くしたくなる。以前は座るのもおっくうだったが、今では立ちたくないほど気持ちがいい」と大勢の参加者の笑いを誘った。人々は口々に「どこの国からどんな偉い方が来ても恥ずかしくない。ゲートボール南米大会の会場にもなっているが、これからは胸を張って歓迎できる」と喜び合った。

■広く便利な多目的ホール

うるま園の運動場の中程に幅10メートル、奥行き15メートルの建物があった。サッカーやゲートボールの競技者や遊びに訪れた人たちが、急な雨にあった時の逃げ場所でもあり、競技見学者の応援席でもある。この建物が御多分に漏れず老朽化。コンクリート建ての屋根はへこみ、雨漏りがする。建て直しか修理か、場所はどこかで揉めた。食堂の横が適当との意見も出たが、実行委員長だった宣太郎は、建物の目的と利便上、食堂横では意味がないとの意見に従い同じ場所に決めた。規模として前回よりはるかに大きく幅10メートル、長さ70メートルの構想だったが、予算の関係上、50メートルになり最終的には35メートルに落ち着いた。各市町村の多くの団体が使用するので、35メートルでは規模が小さいと思ったが仕方がない。コンクリート造だが、周囲は以前のように、どの方向からも入れて、四方、八方が見えるようにした。２階にはスポーツの監督会議や主将会議ができる会議室とお茶を飲みながら階下の催し物が見学できる場所を設置した。１日中居ても退屈しない多目的ホールが完成した。かかった経費は先輩方が、うるま園地を収得した時、買っておいた道路を隔てた２筆の土地を、買却して充てた。

■シマ文化のオンパレード

多目的ホールはいつ行ってもにぎやかだ。知人・友人の誕生会、歓送迎会、模合、バーベキューなどに利用されている。婦人部主催のゲートボール大会が月１回あり、土曜、日曜は1グループ50人の数組が場所選びで苦労するほど。年末、年始の忙しい時期は、忘年会、新年会の予約が３団体しかできず、寂しい思いをする時も。沖縄では夏まつりといえば、７、８月ごろだが、アルゼンチンでは12月が夏まつり。うるま園は一段とにぎわう。各市町村から出し物がいっぱい。例えば宜野座村なら宜野座音頭。老若男女、２世、３世打ちそろって輪になる。他の団体はエイサーや空手演武。集団太鼓などを披露し、県系人だけでなく日系、外国人も駆けつけて数千人の人出となる。

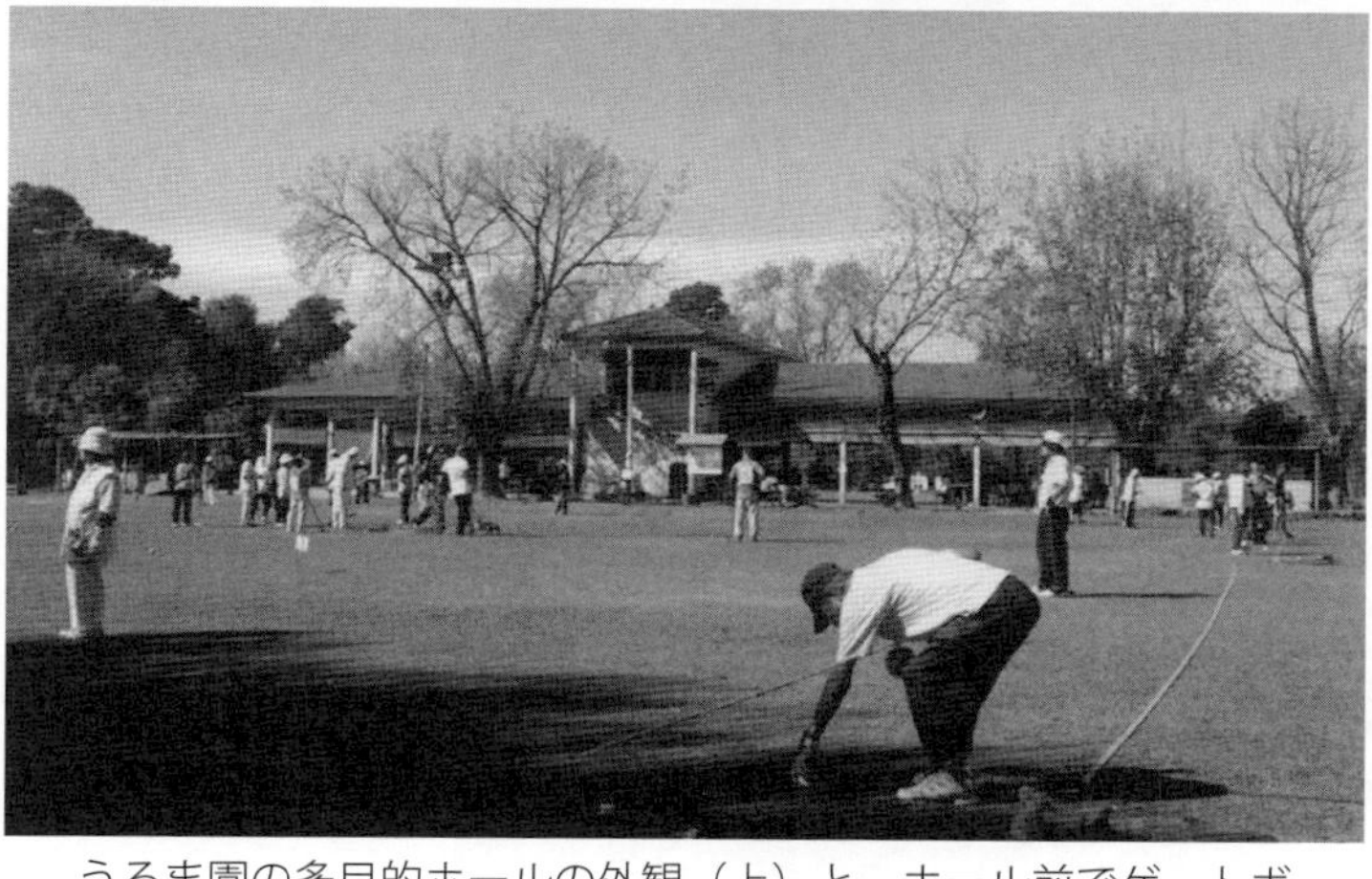

うるま園の多目的ホールの外観（上）と、ホール前でゲートボールを楽しむ人々

第5章　新正門とシーサー建立

■シーサー知らない3世

うるま園の施設・整備は新たに生まれ変り利用者も増え、日々活気づいているが、やり残した事業があった。正門の新規建立だった。２０１２年の開園45周年記念事業に関して理事会が開かれた。理事会は27市町村（合併後）から代表１人と推せんの合計33人が協議する。この席でウチナーでは門の上か近くには守り神のシーサーが必ず鎮座まします、うるま園にも是非との声があがった。しかし2世、３世の中にはシーサーがどんな形をしているのかさえわからない。珍妙な意見が出たりしたが、最終的には門とシーサーはセットとして建立することに決まった。シーサーが見守ることによって、沖縄の精神文化を若い人たちに伝えることができるとの先輩たちの気持ちが通じた。

■彫刻家・金城実に依頼

これまでの門は理事や会長もした故大城宣彦が寄贈したものだった。工事着工前に宣太郎らは大城の奥さんに事情を説明し了解をもらった。新しい門は現代の利用者に便利なように幅も広く、高さもシーサーにつり合うよう３メートル余の堂々たるのが２０１３年に完成した。あとはシーサーの登場を待つばかりだが、シーサー制作の発注を何処へどのようにやるのか見当がつかない。折も折、ＮＨＫテレビ「鶴瓶の家族に乾杯」に読谷村在住の彫刻家・金城実のアトリエが出た。これは南米でも放映されたので、ボリビアやアルゼンチンの日系人の多くが見たという。金城実といえば反戦平和運動を地道に進めている芸術家で、残波大獅子、１００メートル平和レリーフで全国的に名が知られている。

■タダではなかった大獅子

テレビで金城実の存在を知ったアルゼンチン沖縄県人連合会の屋宜宣順会長ら関係者は宣太郎に交渉役を頼んだ。宣太郎は見ず知らずの自分が直接交渉はせず、知人でボリビアにいる読谷村出身の知花弘和に当たってもらった。金城実によると、放送後

1年経った頃知花がアトリエを訪れている。持参した泡盛を酌み交わしながら、アルゼンチンにも大獅子をと願い出る。

この時の会話が面白い。「テレビで残波大獅子と先生のお話を聞きました。あの大きなシーサーをただで造られたそうですね」。「確かにただで引き受けました。ですが残波大獅子はタダで出来上がったわけではありません。読谷村民の多くの方に手伝っていただきました。金銭的には特に村役場職員350人余が1人3千円のカンパを、管理職も5千円づつ出してくれました。また、職員の有給休暇の最低3日の労働奉仕もとり決められていました。村会議員、老人会、中・高校生、障がい者らが、2万個の生卵を割って漆喰をぬったりして、ほぼ千人の人々が制作に関わりました」。金城実は当時の山内徳信村長の首長としての情熱と安田慶造助役の破天荒な性格がからみ合う不可思議な力に魅了させられながら、残波大獅子の制作に夢中になっていった。

■移民のためなら寄贈

山内・安田コンビとは全然違うタイプの屋宜宣太郎が金城アトリエを訪れたのは13年の暮れ。やはり泡盛2本を持って来た。大獅子制作を引き受けてくれるとしたら、予算はどのくらいかかるかと問う。

先に来た知花の様子からは予算はあまりなさそうだったが、屋宜は出来るだけの負担はする気持ちが見えた。芸術家の作品は素人では計り知れない。格段の見積もりの差が出たらシーサーは諦めるしかない。門の造成の予算も県人会の模合で賄ったばかりで、会員にこれ以上の負担はかけられないと宣太郎は思った。

金城実は県人会の憩いの広場にシーサーを設置したいと願望する屋宜の気持ちがわかる一方、造る側に無理をさせまいとする配慮ある態度に心ひかれた。アルゼンチンには父の妹が健在だし、ペルーには叔父がいる。出身地の浜比嘉島の人たち3百人もアルゼンチンに住んでいる。このような事から、金城は子供の頃から移民の苦労やウチナーンチュの努力と志を貫く頑張る姿を話で聞いてきた。戦争で田畑は家屋、山など焼け野原にされ、戦が終われば米軍に銃剣とブルドーザーで土地を奪われた人々は、もはや沖縄に将来の夢を託す術はなかった。米軍と琉球政府は甘い言葉を並べて、移民になればすぐにでも明かるい生活が待っているかのように宣伝し、多くの人々を南米その他の国に追いやった。棄民とも言われた人々の厳しかった歴史を思うと、自身が造ったシーサーが移住地に建立されることは誇りでもある。よし、シーサーをアルゼンチンに贈ろう。

大獅子を造る決心をした。残波の時は時間に余裕があり、手伝う人もワンサといた。今回は制作期間3カ月。14年の4月末には船積みで送り出す予定。5人の頭数が必要だが結局、妻初子、話し仲間の福地勲、柴山芳夫が手伝ってくれた。宣太郎は材料費と安い日当で引き受けてくれた金城に感謝し、早速県人会に報告の電話をした。県人会は大獅子が初めて南米に渡ると知って歓声を上げた。アルゼンチン側は要望として獅子の高さは最低150センチ、幅80センチとしたが、金城は門の高さが3メートル余なら釣り合い上210センチとした。

2メートル余の2頭の獅子はアトリエでは制作できない。隣地にテントを張り、屋根つきの小屋を作った。時間が足りないので雨の日も風の強い日も、対策をしながら没頭した。これまで鉄を素材に溶接で骨組みをつくってきたが、サビしないために今回はステンレスを使った。ネジ式のステンレスは骨格が合わせにくく、飛び出したらやり直しの連続。建築物のように設計図があるわけでなし、もっぱらカンに頼る作業なので神経を使う。粘土ではなく漆喰1対、砂2、セメント2の割り合いで混ぜた。なぜ漆喰なのか。金城は大阪に居た頃、熊本県矢部郡の通潤橋から彫刻の依頼を受けた。そこで見分した技術をその後、自分なりに工夫し100メートルレリーフなどに応用し実験した。当地では貝がらを焼いて漆喰をつくり、ナタネ油、アヒルの卵、動物の血、松の油などを混ぜて、くり抜いた石と石をくっつける技術があった。セメントはすぐ固まるが、漆喰を混ぜると1週間くらい固まらない。タマゴは接着剤の役目を果たすという。やや固まりかけた頃、表面をスプーンでこすってなめらかにする。この方法だと行程が6分1に短縮されるという。

■完成式に国会議員ら100人余

屋宜宣太郎は大獅子が完成するまでの3カ月間、金武町から2日と置かず通って「きようは足が揃ったネ」「アァー耳がついたか」と楽しそうに立ち会った。うるま園の正門にこの巨大なシーサーが君臨するさまを、思い描いている風であった。完成式並びに発向祝賀会は4月11日午後5時からだったが、宣太郎は午後早い時間に着き、広場に堂々と並ぶ1対の大獅子を感慨深く見つめていた。14年の暮れ、半ば諦めの気持

祝賀会前日、大獅子と感無量の記念写真

ちを持ちながら、制作をお願いして短期間で完成したことに感無量だった。

祝賀会では制作者の4人のほかは誰も知らない。紹介されてはじめて照屋寛徳衆議院議員、山内徳信前参議院議員、安田慶造元読谷村長、石嶺傳實村長、新垣修幸村議会議長ら政治家と行政マンの顔ぶれを知った。読谷村以外からも多くの人が駆け付け、小さい広場は約百人の来客で賑った。宣太郎がびっくりしたのは来客の中に幾組かの米国人家族がいたこと。常日ごろ金城実は米軍の沖縄での傍若無人さを痛烈に批判していたので、組織や体制には厳しいが個人は別なのかと思ったりした。

祝賀会は千円会費だったが、地域の婦人会が作ったのか、手づくりのテンプラ、地元の農産物でつくったおつまみ、ヒージャ汁まであった。お酒やビール、飲み物を手にして空手演武や琉球舞踊に拍手喝采し、宴は終始盛り上がった。宣太郎が特に感激したのは、式初頭のウガンガキ（御願）。大獅子の前には御神酒がそなえられ、住職のお祈りによって魂込めをした。参加者も、これで沖縄の精神がアルゼンチンに渡り、これまでの御苦労を思い今後の発展を見守ることになろうと喜び合ったことだった。

大獅子は4月の末に20《フィート》のコンテナに入れ、船でアルゼンチンに向かった。着いたのは予定より遅く7月末だった。はじめてウチナーの守り神シーサーが大陸に到着したのだが、実はシーサーを南米に迎えたいと最初に言い出したのは、伊江村出身の当山生準で、神奈川県鶴見を訪れた際、知花弘和と語りあったのが実現の形となった。

さて正門完成祝いと除幕式は8月10日と決定していた。大獅子の設置には台座の工事など急がなければならない作業が待っていた。結局、大獅子を鎮座させ、周囲を立派に浄めるのに式の前日の9日までかかった。

■除幕式に国賓ら500人

「うるま園」開設45周年記念事業の〝うるま園〟正門落成式典並びにシーサー除幕

正門の落成式・シーサー除幕式。白布に覆われているのは金城実氏制作のシーサー。左端は屋宜宣太郎氏

式”は、２０１４年8月10日日曜日の正午に始まった。日本の一県に過ぎない沖縄県系の行事に日本国の副大臣や駐亜日本国大使、イツサインゴ市長はじめ、在亜日系団体連合会役員、バレラ日本人会役員、ブルサコ日本人会役員、サルミエント日本人会役員、西部日本人会役員、沖縄県各市町村人会会長ら多くの来賓が列席した。

開式の辞で屋宜宣順沖縄県人連合会会長は「園開設45周年記念事業として正門と大獅子建設が県連理事会で決定され、正門は13年12月に竣工しました。ウチナーの守り神で福をもたらすというシーサーが、このたび併置され、正門とシーサーのセット事業が完了したことは県系人や日系人を問わず多くの人々のご協力、ご支援の賜物と感謝申し上げます。また、大獅子を制作・寄贈された彫刻家金城実先生に心からお礼を申し上げます。2世、3世や若い人たちが、沖縄の文化と伝統を引き継いでアルゼンチンで更に活躍することを祈念します」と日本語とスペイン語、ウチナーグチで今後への期待を述べた。

仲村実好建設委員長は「正門は守礼の門をイメージして、屋根に赤瓦を乗せた。シーサーは屋宜宣太郎氏が率先して沖縄まで足を運び実現した。寄付金やボランティアで協力したみなさんのおかげである。うるま園は今後ますます憩いの場として、県系人のみならず日系人、地元の人たちに活用される場となるでしょう」と喜びを語った。

新しく建立したうるま園の正門。両サイドには沖縄からのシーサーが鎮座している

来賓の土屋品子厚生労働副大臣は、参議院議長や埼玉県知事をした父・義彦とアルゼンチンとの交流を思い起こしながら、「日系人の誠実さと勤勉さがアルゼンチンでも認められ現在の地位を得た。うるま園は週末に人出が多く、12月のうるま祭り

には、現地の人もいっぱいで日亜交流に力を発揮し、日本文化を積極的に発信している」と移住者の長年の労をねぎらった。

大獅子制作者の金城実は「アルゼンチンにいる叔母を港で見送ったことを今でも鮮明に覚えている。戦争のたびに翻弄された沖縄の移民社会を考えると忍びない。〝唐の世から大和の世、大和の世からアメリカ世〟〝手紙ヤ後、銭カラ送レ〟」と悲哀をユーモアにかえて笑いを誘った。米須清文在亜日系団体連合会副会長の通訳にまた爆笑。

正門テープカットとシーサー序幕では大きな歓声が上がった。御披露目の三線演奏は栄口朝行野村流師範8人と太鼓。琉球古典舞踊、4流派による空手演武、琉球国祭り太鼓の獅子舞でカリーをつけた。

式典のあとは同園の多目的施設に移動。祝賀会。司会の玉城智県人連合会副会長によると、出席者が大幅に上回り、5百人余が会場の内外で祝っている。おいしく焼き上がったアサードや手づくりの沖縄料理が、ボランティアの若者たちの手で次々と配られていった。乾杯の音頭を新里孝徳県人連合会元会長、45周年記念事業概要報告を屋宜宣太郎県人連合会元会長が行い、余興などもあって長時間大いに盛り上がった。

催しや行事をするたびにボランティアの協力は欠かせない。年1回の運動会や陸上

落成式・除幕式後の祝賀会。会場は立錐の余地もないほどにぎわった

競技大会には各市町村婦人会は2世、3世が積極的に協力し大きな力となっている。うるま園も例にもれず、ボランティアの力が運営を順調に手助けしている。広大な面積の憩いの場であるため、公園の美化にはことさら気を配っているが、ここには玉那覇一夫うるま園部長を中心に、約10人のボランティアが休みの日などを利用して活動している。

正門落成式とシーサー除幕式から3週間経った8月31日の日曜日、「うるま園」は過去最高の人出となり、駐車する場所が完全に埋まる状態となった。予算も相応に使ったが、今後は入園料と雑収入が活動費の支えとなる。

■あるぜんちん沖縄系人電話帳

アルゼンチン移住90周年記念事業の一環として、

「県系人電話帳」作製が手掛けられた。企画したのは宣太郎で、ここまで事業が成功したのは裸一貫の時から模合仲間に入れてくれ、優先的に配慮してくれた先輩方のおかげ。いつか恩返しをしようと常々考えていた。3千世帯があるといわれる県系人は国土の広い各州に散らばっていて、消息のとれない家族も多々あった。電話帳つくりは数年前から持っていた企画だった。

電話帳作製検討小委員会を立ち上げ、30の各郷友会の代表ら40人に月1回集まってもらい情報を収集。3カ月に1度は編集会議を開いた。最初の頃は身近な情報が入り易いので順調にいったが、個人情報との関係もあってやがて足踏み状態に。情報が不足がちになると集まりも悪くなる。気持ちをかえて「アサード（焼き肉）とワイン」の気軽に集まれる会にした。1年もすると半数と目される分は集まった。2年目に入って締め切りを決めないとズルズル延びると思い、印刷に回す準備にかかるとドッと来た。結局、印刷を何度も延期して対応した。

1999年12月に完成。264ジペー（広告別）B判。3500部。宣太郎は企画から印刷費を自費で出し、広告収入は県人会に寄付した。らぷらた報知社が協力した。電話帳は非常に便利に作られている。出身市町村ごとに区分されているが、移住者の多い与勝半島や中城などは字浜、比嘉、平安名。中城・伊舎堂、久場、添石、津覇、和宇慶と字ごとに分けてある。アルファベット順も別にあり、アルゼンチン各州や地域ごとに網羅され、日本、スペイン語の併記。

アルゼンチンにある日系公館、日系主要団体、学校、文化センター、主要日本人会、沖縄県人連合会の各会館の住所、電話番号も紹介している。電話帳は在亜県人会だけでなく、国際交流団体、県、県各市町村、ハワイ、北米、南米の関係国にも配布された。

電話帳は住所や番号だけのネットワーク効果だけでなく、若い世代に新たな意識も芽ばえさせた。2世、3世が同姓の多さにびっくりし、自身のルーツに興味を持ちはじめた。スマートフォーンなど便利な機器を利用して情報交換を始め、父母の出身地の沖縄、その先祖にまで思いを馳せている。

笑い話もある。若い頃、恋人だった女性から突然電話がきて「貴方もアルゼンチンに居たのちっとも知らなかった。でも二人とも齢をとってよかったネ」。意味あり気の言葉だった。

広告を見ると活躍がわかる。空手道場、琉舞研究所、病院、トウフ、盆栽園、旅行業、自動車修理工場などなど。日本文字もあればスペイン語表記も。また、県人年表は県人社会、日系社会、アルゼンチンと日本が対比され、その時代の社会、政治、経済事情が判る。

アルゼンチンの国土は日本の約8倍もあり、日系移民は各州に散らばっている。国の電話帳は分厚く移民が活用するには不便であった。しかも、領事館は沖縄県出身者の戸籍書類を消失しており、県人連合会に「こういう人を知りませんか」との問い合わせが少なくなかった。宣太郎個人のところにも度々あったが、出身地や在住地の情報はある程度把握していても他州まではわからなかった。県系人の連絡場所をひとつにまとめたいと思ってはいたが、どのような方法でやるのかを考えただけでも気は沈むようだった。

同電話帳ができて、県系人のコミュニケーションは、以前では考えられない程進展したが、それよりも公的機関が大きな恩恵を受けるようになった。この一冊があれば名前さえわかれば、すぐにでも連絡が取れる。もちろん出身地がどこで、家族構成がどうかも時間をかけずに済むようになった。県系人組織の強化への功績は計り知れない。

■沖県連会館レストラン改修

１９９１年にサンファン大通りに落成した沖縄県人連合会会館は、西銘知事時代に県と多くの県民の融資や寄付などの協力による、４階建ての立派な建物だった。県系人の拠り所で重宝されていたが、運営はかんばしくなかった。２階のレストランを立て直し収益を上げる必要にせまられた。２００４年、宣太郎が在亜沖縄県人連合会会長の時、改修の話が出た。目抜き通りで交通の便、人通りも多い場所なので、日系人の催事だけでなくアルゼンチン人にも開放すれば、採算性のある建物に変ると宣太郎らは考えた。改修と拡張すべく論議をした。いろいろな意見が出たが改修の方向でまとまり、作業準備にとりかかった時、横ヤリが入った。「赤字で予算もない。工事はやめた方がいい」。

■予想以上の売り上げ

何事でも実行に移す時は、他方面から検討して、結果良しと判断できた場合に動く宣太郎にとって、その場の思いつきだけの忠告はありがた迷惑だ。予算がないというから資金を融通し工事を進めた。天井を張り替え周辺の壁も明るい色にした。テーブル、イスは自営の倉庫から材木を持ち出し、原価で造らせた。人夫賃は払うが本人は奉仕作業。60人が掛けられるテーブルなどが配置された。台所で使う品も取り揃えた。アルミ戸とひさしの間に素敵な空間があった。そこに部屋をつくろうとしたら、またご親切な忠告。「設計図にないことはやらない方がいい」。この部屋が特別ルームになった。大広間とつながりながら、ガラス戸を閉めカーテンを引くと、離れ部屋になる。しかも、25席も用意できるから使い勝手がいい。広くなったレストランに宣太郎は120人分のテーブルと椅子を寄贈した。

レストランは広く明るくなった。これからは採算のとれる運営にしなくてはいけない。管理人でもある宣太郎は、これまで月、水、金の週3回オープンから月曜から土曜まで開店すべく、従業員の採用にとりかかった。面接はコックの女性、すし職人それにウェイトレス。応募者は予想以上に多かった。面接では経営方針を説明。これまでの職歴と経験年数を詳細に聞き、採用者を決定した。メニューも新しくした。以前の沖縄そば、チャンプルー類ににぎりすしや西洋食を加えた。90《パーセント》がウチナーンチュだったお客は、すし好みの外国人たちであふれるようになり、現在は90《パーセント》が外国人客。

効率的に運用するには部屋の割りふりも考えられた。いつも中央あたりで開いていた県人会理事会も別の部屋に移ってもらい、三線教室も譲ってもらった。模合など個人的な集まりも多くなり、ベランダにつくった特別空間は予約でいっぱいの状態。さらに、会館内にカルチャーの日本語、舞踊、空手、柔道、スペイン語の教室など設置したことから利用客は増え続けた。当然、売り上げは伸び県人会維持費の50パーセント以上になった。

入口に赤ちょうちんを下げたレストランは日本風。カウンターのある中央をはさんで両サイドにテーブル席が続く。週3回開店から月～土曜開店になったためお客は増えた。早い時間は日系人が多いが、夜の9時あたりからは日系以外が断然多く、1日の客数の90パーセント以上を占める。にぎりずしが人気だ。1階の催場は天井が高く広いためアルゼンチンの団体も含め予約はひっきりなし。赤字経営のころ、日系人のコンサルタントに経営を頼む話が出たが、赤字の原因を調べることが先決と断ったのも結果的にはよかった。今では1階から4階まで〝金を産む〟サロンとなっている。改修工事の際、宣太郎が用立てた資金はしばらくのち会計係が返してくれた。

第6章　在亜ボリビア親睦会

■年1回のピクニック

晴れわたった日、小雨のパラつく日。天候に関係なく恒例の「ボリビア親睦会ピクニック・敬老会」は、毎年11月に県人連合会所属の運動場うるま園で行われる。会の名称は「旭クラブ」「同志会」「親睦会」に変わって50有余年になる。会員は2百世帯の約8百人となり、年1回のピクニックには3百人以上が参加し、アサード（焼き肉）にワインで友好を温める。

会の名称からわかるように、最初ボリビアに移住した人たちが、新天地を求めてアルゼンチンに再移住した個人や家族の組織である。ボリビア第1コロニア、第2コロニア、第3コロニアに移住した沖縄からの移民団は、電気や水道もなく飲料水は原生林の窪地（ポーソ）に溜まった色のついた水を飲み、マチェーテ（山刀）とアーチャ

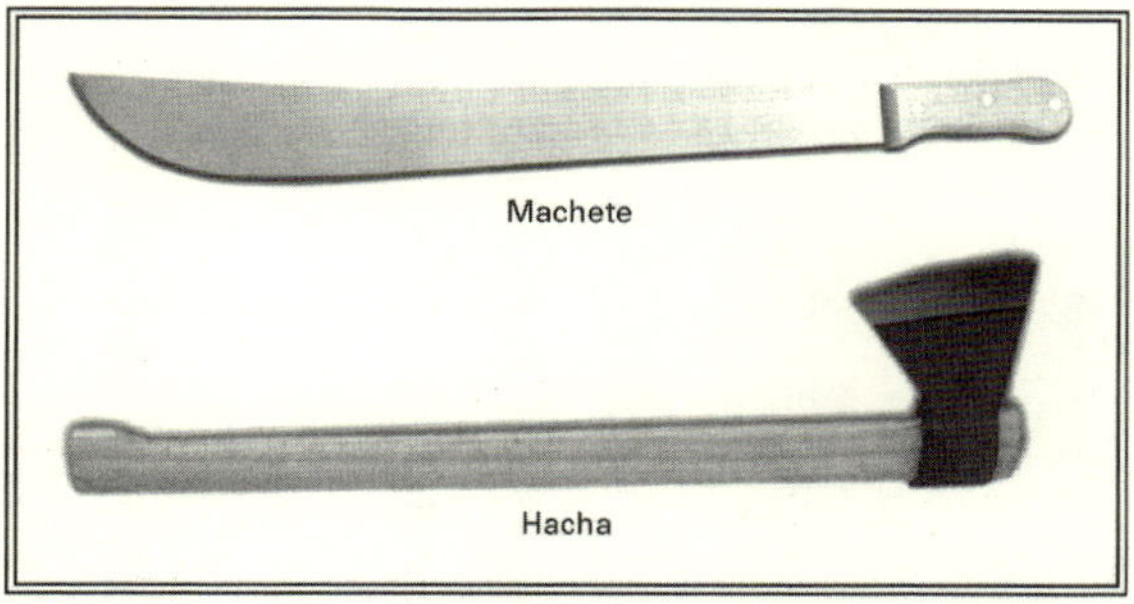

「コロニア初期の必需品」とされたマチェーテ（山刃）とアーチャ（斧）＝ボリビア親睦会50周年記念誌『転住者達の融合と発展の軌跡』より

（斧）だけで昼も薄暗い原生林を開拓していった。幾分、落ち着いたころ将来を案じ、再移住を考えるようになった。家族連れはブラジルへ、独身者はアルゼンチンへ。せっかく昼夜かけて開墾した土地に後髪を引かれながらの旅立ちだった。ブラジルに渡った人たちはほとんどが洋裁業。アルゼンチンは洗濯業を選んだ。言葉はわからなくても仕事に支障はなかった。洋裁はジーパンを裁断したものを縫うだけ。最初は工場で働き、子供たちも5〜6歳から糸切りの手伝い。1枚仕上り単位で報酬をもらったが、収入はボリビアに比べて高給だった。朝早くから夜までウッチントゥ（かがみ放し）の仕事だった。慣れてきたら工場の下請けはせず、自分で機械を買って独立し生産から販売までして相当の収入を得るようになった。洗濯業も同様で言葉のハンディーはさほどなかった。アルゼンチン人はハイカラで、靴下類からシャツまで出した。

ウチナーンチュは洗いからアイロンがけまで丁寧にするので、評判がよく多くの洗濯屋は規模を広げて、生活は安定していった。一方、ボリビアに残った人たちは、開墾された土地を買い、現地の人たちを使用人にして大農場へと展開していった。

■一致した行動で社会活動

親睦会の前身・旭クラブは、開発青年隊出身の若い人たちが中心で1963年12月25日に結成された。知花弘和を初代会長に5代続いた。1975年にドルショックで不景気になったため、会員らはアメリカやブラジル、カナダ、日本に出稼ぎに出て、一部の人はその地で永住したりして活動は途絶えた。ボリビアシンカ（ボリビア出身の人たち）は、なんでも先駆けてやる冒険心に富み、勇気と移民根性が旺盛で現実的に動くことから、一時期「ボリビアーノ」と非難視されたこともあるが、その一致した行動は多くの社会活動の見本となり、やがて信頼を得るようになった。その連帯感の強さは、ボリビア移住当初の筆舌では言い尽くせない辛酸をなめ尽くした者同士の絆が原点となっていると人々は理解している。

コロニア沖縄の大水害救援にいち早く立ち上がったのも旭クラブだった。1968年第1コロニアの北側、リオグランデ沿いの開墾地が大洪水に襲われた。農作物は全滅。またもやの天災に移住地は打ちひしがれていた。同クラブ3代目会長の当山生準は「コロニア沖縄は第2の故郷」と会員全員と救援活動を展開した。のど自慢大会を開き、募金集めに奔走した。アルゼンチン国各州の日系人に呼びかけ多大な義援金を贈った。

旭クラブが活動停止したあとの一時期、安室朝盛が世話人となった「ボリビア同志会」があり、コロニアからの青少年たちのフットボールを通しての交流を推進した。後年、うるま園改装工事の際、神奈川県横浜を中心に寄付金集めに率先したのは、安室朝盛・朝吉兄弟、津坂タモツ、知花正全らだった。

1996年のある日。宣太郎を新垣善和と安谷屋正信が訪ねた。機能停止した会を復活させようとの話だった。宣太郎も〝サァーやろうといえばすぐ立ち上がり、団結心が強い〟ボリビアシンカの存在に幾度も助けられてきたので、大いに心を動かした。活発な人たちを集めて1週間話し合った。こうして「ボリビア親睦会」(初代会長屋宜宣太郎)をつくり活動を引き継ぐことになった。

親睦会のいちばん大きな行事には、先にも記述したように年1回のピクニック・敬老会。各地から集まった会員は、朝から式次第にそって年長者を表彰し、この1年で特別な賞を受けた仲間の祝賀会も催す。楽しみは午後からの「アサードとワイン」の懇親会。牛肉2百キロが準備される。2人で1キロ計算で、沖縄のバーベキューの1人あたりの5倍分である。食べて飲んで三々五々に集まる円陣での話題は毎年同じだという。開拓時代の泣くに泣けなかった辛い思いは、話すごとに胸の中に深く残り、よく耐えた自身を振り返えり、明日への活力につなげるのだという。

■親睦会50周年式典

2011年9月25日「在亜ボリビア親睦会ボリビア移住者アルゼンチン転住50周年記念式典」が沖縄県人連合会ホールで開催された。屋宜宣順親睦会会長は「1961年安田栄一、赤嶺光盛、知花弘仁、新垣善太郎、安里清輝の先輩が、新天地を求めて転住してから50年になりました」と前置きし、アメリカ軍事政権時代の琉球政府の計画移民。密林地帯に送り込まれ、後に引けない生活。原因不明の疫病。予測をもしない天災。苦難を抜け出してアルゼンチンに転住し今や190世帯に膨れ上がり日系社会の有力団体として活発に活動している現状を回顧した。また、「イチャリバ、チョウデー」「ユイマールの精神」が大きな支えとなって発展につながった。子弟も70人余がプロフェッショナルになり、アルゼンチン社会のあらゆる分野で活躍している—と喜びと誇りを語っている。

「転住者達の融合と発展の奇跡」が50周年記念誌として発刊された。「親睦会」の歴代会長の半生と会との関わり方や第1次ボリビア移民から第20次移民までのアルゼンチン転住者の出身地、氏名、現住地をまとめた表もある。それを見ると、いかに多くのボリビア移民が新天地を求めて転住していったかがわかる。そんな過酷な生活の中でも若い青年たちは、沖縄で経験した青春の発露を運動会に求め、陸上競技を中心に沖縄角力大会を開いてアルゼンチン同胞との交流を続けた。記念誌の中から興味ある見出しを取り上げてみよう。コロニア総出の盛り上がった第１回運動会の「位置について　ヨーイ…」ではスターターの大城一夫が１００メートル競走の初砲から１６００メートルリレーの最終号砲まで、自身の護身用ピストルで常時、実弾が装填されている本物を使っていた。２００メートル決勝で断トツの優勝を飾った安田英一は裸足だった。

比嘉昌也＝アルゼンチンで陸上競技の才能が開花した男＝はコロニア沖縄の初期の開拓に従事した。幼少時に第1次移民だった。成長してアルゼンチンへ移住、陸上競技で能力を発揮し、日系陸上競技の記録をぬり替えた。日系社会の幼少年陸上競技大会は近年まで、彼の名前を冠した「比嘉昌也陸上競技大会」と称していた。ちなみに旧大里村45周年記念誌によると比嘉の記録は4百メートル＝48秒7、8百メートル＝1分52秒5、千5百メートル＝3分57秒3、5千メートル＝15分05秒、走り幅跳び7メートル42、高飛び1メートル85、三段跳び15メートル27で、トラック競技やフィールドでも当時としては驚くべき記録を残している。

■心打たれる1世の努力

地道に努力した安田英一「沖縄角力の王道を行く男」と仲松明恵「移民子女の叫び・五十路の夢」には心打たれる。安田は1954年12歳の時、ボリビア移民第1陣278人の1人だった。当時、沖縄にいるアメリカ人は衣服や食物など贅沢な暮らしをしていた。南米ボリビアも変わらないだろうし、50町歩の大地主になれると、大人は希望に満ちていた。船と汽車のながい旅のあと、ようやくボリビア・サンタクルス駅に到着した。安田の初印象。「ボリビア第2の都市と聞いていたが、バラック建ての家々が立ち並ぶ街を見てひどくがっかりした」。それからトラックに乗せられ、デコボコの道を2日間も揺られながら「ウルマ耕地」まで運ばれた。車上から見る景色は、まったくの荒野で通過する村落もひどくみすぼらしく映った―という。期待に胸をふくらませて来た人々は茫然として立ち尽くし、座り込んでしまう人もいた。住居は割り当てられているものの、それは掘っ立て小屋同然で屋根はあるが壁はなかった。

少年時代に辛苦をなめ尽くし「ウルマ病」という原因不明の病で、同胞を失い子供心ながら「病気で苦しむ人達を助けてやりたい」と医者を志すも生活事情はそれを許さなかった。野生動物のガラガラ蛇、トカゲ、山豚も食べた。「今度生まれ変わった時は、人間には生まれたくない」と思った少年は、その後コロニア沖縄の地で生活の安定を得る。精神的にも余裕が出てからは、地域活動に精出した。娯楽も何もない生活で仲間たちと運動会を開催したり野球、バスケット・バレーボール、沖縄角力大会を開いた。この活動が下地となって、コロニア沖縄第1回体育大会まで開かれるようになり、国道や幹線道路の各号線対抗にまで発展した。

安田は沖縄角力のボリビアチャンピオンで、アルゼンチンで行われた南米沖縄角力大会に出場した縁で、やがてアルゼンチンに転住。２００８年に沖縄角力愛好会を立ち上げ、初代会長に就任。途絶えていた角力大会を、21年ぶりに「うるま園」で復活させた。沖縄の伝統文化の角力の継承、スポーツとしての角力の発展に尽力している。

■泊通信で中・高校学ぶ

仲松明恵（旧姓島袋）は１９６２年３月、第15次開拓移民で小学校5年で南米ボリビアへ。沖縄を離れて約３カ月かかって目的地に着いた。「最初の頃は学校へも行かず、新天地に夢を託す親の手伝いを当たり前だと思い、勉強のことは忘れていました。私の仕事は5キロも歩いて大人２人が両腕を広げて取り巻く程の大きな木を伐採している、父や兄弟達に弁当を持っていくことでした。それから毎日の家畜の世話や畑の仕事、家事の手伝いで、夕方になると私の身体はくたくたでした」と学校にも行かせない親を恨んだりした。

１９７０年に憧れのアルゼンチン・ブエノスアイレスに移住。結婚し子供ができて、小学校の宿題も教えてやれない自分が情けなく、勉強しようと決意する。スペイン語の本や古い日本の新聞などを読み始め、辞典をひきながら子供と一緒に勉強する苦学を始めた。

子育てを終えて、1997年に35年ぶりに夢にまで見た懐かしい故郷・沖縄に帰って来た。人生はこれからだと思い長年の夢だった調理師の資格を取ろうと思い調べたところ、中学卒業、高校卒業の証書が必要だと知った。50歳を過ぎていたが泊高等学校の門をたたき、特別生として入学を許可された。しかし、小学校5年以来、黒板や机に向かったことがなかっただけに、学習の理解に疎くレポートなどの作成に苦労した。勉強ができるとの感動と現実のギャップが違い過ぎた。それでも支え合う仲間たちの元気な顔を見るのが待ち遠しく学校へ通う。仲松は「泊高等学校は、私の人生航路の勉学船、今日も大きな勉学船に乗り荒波を越えて航海中です。卒業証書という大きな宝を求めて」と締めくくる。

この作品は日本全国私立通信制高校協会の「私の主張」作文コンクールで入選した。仲松は2007年に泊高等学校を卒業。2009年にアルゼンチンへ帰った。

第7章　高齢者福祉の宿泊施設

■健康な1世の憩いの場

２００８年の県人移住百周年記念事業の一環で高齢者福祉の宿泊施設5階建てが、11年3月にブエノスアイレス市内に完成した。福祉の宿泊施設と言えば、日本では老人介護の施設を連想しがちだが、そうではなく体も健康で思考も十分なお年寄りが活用する施設である。70歳を過ぎた1世は職を離れたが、子や孫は仕事に出て、昼間は留守番でヒマをもて余している。１世のこれまでの労苦に応えて余生を楽しく過ごしてもらうため、茶のみ友達、語らい友達が集まれる場所を提供している。みんなちゃんとした家があるが、寂しいので月曜日から金曜日まで暮らし、家族が休みの土曜、日曜は各自の家庭で過ごす。家族も施設が出来たおかげで、何の心配もなく仕事に行けると感謝している。

建物の1階は多くの人が利用できるサロンで主に婦人たちが活用している。2階から5階までは2人部屋（4人も可能）の広い居室が4つある。1室はみんなが集まってユンタクする広間で、炊事場もありお茶を飲みながらテレビを見る場である。安全には気をつけて、ガスは一定時間で切れるようになっている。80歳くらいかと思われる婦人は、血色がよく健康そうで、みなりもこざっぱりして突然の来訪者にもかかわらず、明るく応対しここでの暮らしが、いかに楽しいかを語ってくれた。移住してから1度も沖縄に帰ったことがないそうで、故郷の話を身を乗り出して昔を思い出すかのように聞いていた。

老人福祉センター・ゆいまーる荘の外観

建物が完成して利用者には喜ばれているが、実質的な建設委員兼現場監督をした宣太郎は今でもひとつ悔いが残っている。それは敷地についてである。敷地選定は二転三転した。最初、県人連合会会長は「うるま園」に建てようとした。しかし、うるま園は別荘地で静かではあるが寂しい所。市街地から40キロも離れている。お年寄りは急に具合が悪くなる時もあるので連絡など便利な地が適当だと宣太郎は主張した。ちょうど県人連合会館の隣りに会館と合筆できる物件があった。3階建てのしっかりした建物で壁を取り払うと会館と同一敷地になる。便利だし安全性もあった。結局、理由ははっきりしないまま、別の場所に古い建物を買い、新築された。もし、会館隣地に建てられていたら、宿泊施設利用者たちは、会館で催される琉舞や日舞の練習、空手、合気道、ヨガ、ボール体操などをいつでも見学できるし、2階のレストランで気軽に沖縄そばを味わうこともできただろうにと今さらながら思う。宿泊施設と会館はそう遠くはないが、約7百メートルの距離はお年寄りにとって歩いては遠いし、タクシーでは近過ぎた。

■完成8カ月の奉仕活動

建築資金を県人会会員からの年5パーセントの内債などと沖縄県や各市町村の協力でメドがつき工事着工を待った。ところが、建設委員長のなり手がいない。用地取得時の意見の相違からか当然委員長になるべき人が同意しない。行きがかり上、宣太郎は現場監督を了承し、建設委員長は83歳の新里孝徳元県人連合会会長になってもらった。

２０１０年７月に工事は着工した。それから８カ月間、朝５時起床で夜遅くまでの奉仕作業が続くことになる。多難だった。当時年率20パーセントを超すインフレ下での資材購入、信用がおけない外国人労務者の管理に手を焼いた。真冬の早朝起床や寒気の中での１日中立ち放しは、70歳を過ぎた身にはこたえた。

作業員はパラグァイ人で多い時は50人も来るが、少ない時は15人しか来ない。１週間ごとの工事区間を定めても、参加人数がバラバラではおぼつかない。さらに困ったことはセメントやバラスなど材料が必要な時にしか要求しない。注文しても翌日しか配達されないので工事は進まない。レンガ使用や仕上げの際は気をつけて監視しないと手抜きをする。沖縄県から40万ドル、各市町村から10万ドルの援助を受けているため、工期の３月30日までには、どうしても完工させなければならない。胃が痛くなる毎日だったが、終盤は突貫工事で切り抜けた。

８カ月間、家族にも負担のかけっぱなしだった。靴店やその他の相談も受けられないし、家で食事をしたこともなかった。朝早くから夜遅くにしか帰らないおじいちゃんと話することもなくなった孫は「おじいちゃんは別に住む家を造っているの」と聞いていたという。

第3部　沖縄と南米の可能性

第1章　今こそ関係強化を

沖縄の発展のためには人材を育成する事が最も大事。これまでの移民は労力を頼りに生活を築いてきたが、今後は双方で技術交流が盛んになるだろう。在亜沖縄県人会では、県の海外移住者子弟の留学生制度や技術研修員、また、県人会傘下の各市町村会が独自に行っている研修制度によって、多くの有能な若者たちを育ててきた。留学生や研修員らは帰国後、「沖留会」というグループを組織して、県人会活動やあらゆる分野で活躍し、今や県系社会のリーダーとなるべく期待されている。沖縄県内でも優秀な若者が輩出しており、この若者たちの連携と協力が、今後の沖縄発展の推進力になるだろうと考えられる。

南米の3世、4世たちは日系同士だけでなく外国人と結婚する人も多い。親類が他国籍に広がって良い傾向だと思うが、ここで日本への留学、研修は欠かせない。今でも数カ国を話せる若者は多いが、これに学問、技術が加われば世界は広くなる。そういう意味でも現在の研修制度と派遣教員は継続してほしい。若者の交流といえば、昨年（２０１４年）コロニア・オキナワ沖縄移住地入植60周年に際して、コロニアと沖縄の青年が初の会合を持ち、２つの「おきなわ」がつながる必要性を議論。ペルーやブラジルからも参加し5年後の未来像を発表したのは動き出した若者たちを象徴するようで力強さを感じる。

南米と沖縄の貿易、商取り引き、企業の進出も明るい希望が見えてくる。南米は資源や原料に恵まれた国である。人件費は安い。南米から諸物資を半加工で輸入し、沖縄の自由貿易地域で日本の進んだ技術で製品化し、東南アジアや日本へ輸出する。例えば革製品の場合、お客の好みに応じて靴やバック、ベルトを完成品にし観光客のお土産品として受けるだろう。泡盛を生産コストに安いアルゼンチンで製造してはどうだろうか。ブラジル、アルゼンチン、ペルー、ボリビアの４カ国には日系人１５０万余が在住しているから、泡盛製造も非常に可能性がある。メリットはアルゼンチン、ブラジル、パラグァイ、ウルグァイの４カ国は、協同体市場であり輸出入税はほとんど出ない。ウチナーンチュは世界に30万人といわれており、ウチナーンチュらしいユイマール精神、イチャリバチョーデーのチムグクルで、沖縄の自由貿易地域や南米各国の協同体市場のメリットを世界のウチナーンチュが活用することによって、みんなの繁栄につながると思う。

ボリビア第1、第2、第3コロニアは農産物の一大生産地だ。「ボリビア小麦の首都」を筆頭に飼料用のソルゴー、トウモロコシ、サトウキビ、大豆、米の穀物類。ここでは40歳代若手のヒガトオルら3人が、小麦を生産から加工まで一貫して作り、メリケン粉からできるウドン、そうめん、パスタなどを国内販売している。日本の農協組織のCAICOも1700万ドルの自己資金をかけ、日夜操業をしている。養豚や畜産・略農農家は飼料を自家製にしており、コンピューター管理の近代大型農業だ。沖縄で農業を志す人たちはここで研究したらどうだろうか。畜産技術だけでなく、作物栽培、飼料つくりひいては飼料を南米と直接取り引きする機会になるかもしれない。日本企業から仕入れは航路によって高くつくが、沖縄で組合組織をつくりコンテナ船を台湾など経由すれば大分安くつく。

これまで述べた輸入・輸出は1企業や団体が出来るものではない。県のバックアップが必要不可欠だ。県が専門家を派遣して徹底した市場調査を行う。企業も独自の調査をして商品の流通経路と価格を研究する。沖縄を経由して出る物品を厳しく査定する。また、那覇や沖縄市あたりで南米の物産展を開き、見本を集めて品定めし、コスト計算で採算が合う品を輸入する。食べ物だったら日本人の口に合うかどうか検討し、再加工の必要性も考える。コンテナ船で50日かかっても加工品は支障はない。沖縄のスーパーには南米からの食品や食用油、果物が並んでいる。例えばアボガドはアルゼンチンでもよくできる。しかし、あまり大きすぎて、沖縄の市場にはチリ産が出回っている。値段も高いのでそれらの果物を南米で生産してみたいという農業希望者がいないのか。農業で成功している県系人は多いし、アドバイスも受けられる。土地は安く借りられ機械化農業だ。移民のイメージはすっかり変わっている。

沖縄の経済構想は大きく変ろうとしている。世界的な視野で展開する時、大きな力になるのが2つある。1つは「ワールドワイド・ウチナーンチュ・ビジネス・アソシエーション（WUB）」。あと昨年開かれた国内最大級の国際食品商談会「沖縄大交易会」。2つの組織がうまくつながれば、沖縄を拠点として物流が大きく動き出すだろう。中国は年2回「交易会」を開いており、中国経済はそれによって飛躍的に伸びてきた。

ＷＵＢは世界に21支部を持つ大きな組織だが、残念ながら機能しているとは言い難い。要因は拠点であるべき沖縄に指令室がないためで、ＷＵＢの本部を沖縄に設置し、世界の支部から一極に情報を集める。そしてその情報を各支部に発信する。それも現在できてない。理由は実務班がいないため。ＷＵＢの幹部はみんな会社の役職についているので、自身の時間でＷＵＢの仕事をする余裕がない。打開するためには役員会の下に組織（会社）をつくり専門機関にすること。役員会で情報分析し論議の結果を下部が推進する。人材を募集する際は県内だけでなく世界のウチナーンチュに呼びかける。優秀な人たちでも研修は必要なのでウチナーアイデンティティに基づくＷＵＢの理念を理解してもらう。各市町村が実施している研修制度ができれば、世界の2世、3世の理解度は進むだろう。県や市町村の研修制度がなければ今頃、南米県系人社会はバラバラになっていただろうと思われる。

唐突な感じになるが、沖縄市胡屋地域に見本市か東京の秋葉原みたいな格安市場が出来ないものか。一番街やパークアベニュー、パルミラ通りなど、胡屋のあの一帯はまとまっていて魅力的な地域だ。中国資本家なら中華街・チャイナタウン構想をするだろう。

沖縄はもう米軍基地に頼ってはならない。観光立県と米軍基地とは相反すると大多数の県民は悟っている。琉球王国だったかつてのように、広く貿易を興こし物流の拠点とする一方、観光地を世界に発信する努力をしている。沖縄には素地が十分ある。

第2章　アルゼンチンの息吹―国と人々

■アルゼンチン紹介

国名はアルゼンチン共和国。言語スペイン語。立法権は上院と下院があり、上院は各州から3人の代議士で構成されており、総勢72人。下院は257人。各州とブエノスアイレス市は、自治体で各自が政治家を選挙する。また、各州がそれぞれ憲法及び司法権を有している。アルゼンチンの人口は約4000万人以上で、ほとんどの半分が、ブエノスアイレス市やその近郊に住んでいる。ちなみに、日系人人口は約5万5000人で、その7割~8割を沖縄県系人が占めている。

通貨　ペソ（1ドル=現在8・5ペソ）。

産業資源　産業の中心は農業。小麦、トウモロコシ、大豆、ヒマワリ、米、ミカン、砂糖、牧畜、ワイン、石油、天然ガス。地方では農産物加工工場が多い。

国土　アルゼンチンは北はイグアス、ブラジル国境南はウイワイアで南北最長距離３６５０キロ。東西１７００キロ。南北に細長い国で北端は亜熱帯性、南端は寒帯、西部のアンデス地域は乾燥した気候。大西洋地帯は温暖湿潤の気候で、地域間の気候差が大きいことが特色。平均温度は23度。四季折々の野菜と果物が年中ある。面積は日本の約8倍。

地理　３つの主な地形。山地、高原、平野で農牧業に最適。

人種　移住者受け入れ国として世界各国の人種のルツボといわれている。白人の比率が高いことが特徴で、１８５０年以降すすめられているヨーロッパ移民中心の移住政策の結果である。イタリア系35・5パーセント、スペイン系28・5パーセントとラテン系が中心。あとユダア系、ポーランド系、アラブ系、ロシア系、ドイツ系。

■ブエノスあれこれ

中央市場　あらゆる野菜や果物が集積される。夜に搬入された農産物は、午前零時ごろから活発に動き、遅くとも午前8時までにはバイヤーとの取り引きは終わる。人と車との喧騒が落ち着いた頃、多くの市民が出て来て、隣接した市場に繰り出す。セリ市から運んだばかりの新鮮な野菜や果物が、小区間に区切られた店頭に山と積まれる。市価よりはるかに安いと聞いても、こんなに安いのと目を疑う。果物は日本人からするとタダ同然。２キロで百円以下なのだ。日常品は何でも揃っているが、安い米は１キロ入り10包で約４百円。セリで商取り引き出来なかった品は、処分場に移されるが、これがまた見た目もいい商品。商売人がゴッソリ持っていき、セリ市の半値で売るという。それを待っている中小商店がある。一般市民も選り分けて持って帰る。こざっぱりした身なりの婦人たちが、恥ずかしげもなく拾っているが、ここでは普通の姿らしい。ちなみに、道路をへだてた屋台のハンバーガー店はコーラ付きで２１５円。肉たっぷりのハンバーガーとコーラが同じ値段。肉を焼く煙が４、５店の店舗から流れ出て、モウモウとした煙の中にお客はいっぱい。

ラプラタ川とパンパ草原　ブエノスアイレスの国内航空ターミナルの国道から眺めるラプラタ川は、海と勘違いする。見渡す水平線からさらに１００キロも奥まで川だという。ウルグァイ川、パラグァイ川、パラナ川の各河川をはじめとする無数の支流を含む巨大な水系。流域にはパラグァイ全土、ボリビア南東部、ウルグァイの大部分、ブラジル、アルゼンチンのかなりの部分を含む。世界各国でも国土の広い南米の幾つかの国を結んで流れる大河に度肝を抜かれる。河口にはウルグァイの首都モンテビデオ、アルゼンチンの首都ブエノスアイレスがあり、隣国への穀物運搬には利用されているが、水深が浅く大型貨物船は航行できないという。

アルゼンチン中部のラプラタ川流域にパンパ草原は広がる。中学の社会科地理で教わったが、世界有数の牧畜地域としか覚えてない。屋宜宣太郎が独立して花卉栽培を始めたころの地域であり、ただ見渡す限りの草原ではあるが、思いがけない地にいる現実の感動を覚えた。関東平野の60倍の面積で、起伏が少なく平坦、そのため大雨の時は水はけが悪く冠水するが、肥沃な土壌で農業の中心地。宣太郎が言うにはアルゼンチンの多くの平野は石や岩がなく機械農業に適しているという。合衆国の放牧地に比べ、気温高く降水量に恵まれ、小麦、トウモロコシ地帯になる可能性があったが、ヨーロッパ移住者に1人当たり4万ヘクタールという広大な土地が割り当てられ、地主は大放牧場にした。

ボロは着てても……　粗末なレンガ造りの建物が並ぶ集落が、国道沿いなどでよく見かける。人呼んで〝貧民街〟。実はここの住民たち、非常に優雅な生活をしているという。市や国は税金を取るのを諦めたのか、電力会社はこっそり本線からつないでいるのを知ってか知らずか〝無料地域〟と一般的には思われている。食べるだけの生活ならどうにでもできると言われているアルゼンチン。でも住民は食べるのに汲々しているのではない。国民を熱狂させるサッカー大会があると、昼からワイン片手にアサード（焼き肉）を前に応援する。「サラリーマンはかわいそう。こんないい試合を楽しめないなんて」とウソぶいているそうな。基礎が十分でないレンガ造りだが、上へ上へと増築して、陸橋や高速道路の高さを越えてしまったのもある。子弟は頑張っていい職業についているのも多いが、親たちは住みなれた、条件のいいこの地域を離れようとしないようだ。

タンゴの町　タンゴの町「ラ・ボカ」。見たこともないほどのカラフルな町。建物は大小さまざまだが、1棟たりとも同じ色彩でまとめた家はない。壁が緑なら戸は赤、家全体が原色を使っているがけばけばしく感じない。それどころか、要所にある彫刻や立像は訪れる人たちの目を引き、芸術を尊ぶ地域だとうかがえる。

ラ・ボカの地区内に「カミニート」という歩行者通りがあり、国外の観光客に人気がある。カラフルな建物には万国旗がはためき、カフェでは着飾った若い男女の踊り子が、朝からアルゼンチンタンゴのギターの調べに乗せて軽快に踊る。客も招かれ舞台に上がる。ワインと音楽とダンスに酔いしれる天国。

カミニートに行く通りの、昔の港近くにはトタンと板のつぎはぎの小屋が並ぶ一角

色鮮やかな町並みを実感する著者

「カニミート」通りの近くには、軒に洗濯物が干されていたトタン小屋が並んでいた

がある。小屋の軒には洗濯物が吊され、わずか数百メートルしか離れてない地域で、生活の様相が一変している環境に唖然とした。

駐車場はないのか　商店街。ビルが立ち並ぶ。歩道にまで商品が迫り出し買い物客で混雑。歩道も通りにくい上に道路の両側に車がビッシリ停まっている。交通違反取り締まりの警察官もいない。制服姿のおまわりさんはいるが、別に気にとめる様子はない。日本では違法駐車で即刻、移動と罰金モノ。何でも商店街やメインの通りは地価が高く、駐車場では採算がとれないという。車を停めるために周辺を何度も走り回ることになる。面白いのは商店街以外のメイン通りで駐車する際、頼みもしないのに男が出て来て「オーライ、オーライ」二声かけて「ハイ、幾ら」と金を請求する。出し渋ると「俺は忙しいだ。早く」とくる。何も忙がしいことはない。座ってタバコをくゆらせて待っているだけだ。実際に目にしたのだが、老夫婦が乗っている車を誘導して、先に停車していた車にぶつけさせながら、このくらい大丈夫だとのゼスチャーで、笑顔で金を受け取る輩も。

信号無視　街の中でも片側3、4車線の道路。中央分離帯は無い所が多い。朝の出勤、夕方の退社時間帯は交通量が増える。沖縄では信号無視という言葉は、車両運転者によく使われるが、このアルゼンチン（ボリビアもそうだった）では、歩行者が無視する。横断歩道なら信号が赤でも平気で渡る。右折や左折する車は減速して曲がるが、直進の車は減速しない。だから歩行者が横断する時は、決して走らないのが鉄則のようだ。車が来たら立ち止まるか、普通の足どりで歩く。運転手は相手が止まるとよんでいるので、相手が走り出すとブレーキを踏んでも間に合わない結果になる。中国上海、ベトナムでもそうであったが、日本人が外国に行って戸惑うのは、道路の横断だ。決して1人で渡らず、集団の後についた方がよい。かつて上海で車と人間とどちらが優先かと添乗員に問うたら、「勇気ある者が優先」

雑踏の市内。車道の両側には駐車車両でびっしり

と返ってきた。

口笛吹きながら　ボリビアのコロニア・オキナワ入植60周年記念式典に参加した後のペルー行き航空券を買いに旅行社へ。３社で断られた。理由は、すでにボリビアまでの券を買っているので、同じ旅行社で買ってくれとのこと。つまり〝橋かけ〟はダメだという。旅行業社内の取り決めだろう。

４番目に入った所の支店長らしい男は、飛び抜けて明るい60代のヨーロッパ系。NO、OKの返事もしないまま、パソコンを打ち続けた。何と私たちも知っている世界のメロディー、ビゼー作曲の「カルメン」を口笛を吹きながら、タクトを振るまねまでしてキーをたたく。底抜けに明るいのだ。同僚の青年たちも意に介さないのは、男性の毎日のリズムなのだろうか。入口は銀行やホテルよろしく鉄格子で、中から操作で開閉できるような厳重さなのに、仕事ぶりはあけっぴろげで、このアンバランスが南米的というものか。チケットは口笛と共にできた。

慰霊碑ではない　うるま園正面から入って１００メートルも行くと左側の大木の下に、沖縄県人移民百周年記念碑がある。案内して説明してくれた安次富寛全百周年実行委員会副委員長は、みんな最初は慰霊の塔と間違えるが、そうではないと前置き。笠戸丸でブラジルに着き、アルゼンチンに渡ってきた大先輩達や、現在元気で活躍している人々への敬意と感謝を込めて、深い絆で結ばれるよう祈念した碑だと語る。

中央に「独立自尊」と大書され、移民の父・当山久三の「いざ行かむ　我らが国は五大州」に気概が込もる。6340人の名が出身地の各市町村ごとに刻まれている。移住者の多いところは、市町村合併前の佐敷、知念、玉城のように分けている。碑は中央から放射線状にまとめ、末広がりを意味している。ステンレス板に刻み込まれた親類の名をさがし、指でなぞらえる姿が見られる。

高速道路料金　道路が縦横に走っているせいか、高速道路の料金所が多い気がする。沖縄では入る前にチケットを取って、出る時に金を支払うが、南米では入る時に支払い、途中でも何回か支払う。区間ごとに料金を支払うのだろうが、運転手は支払うたびに必ず「幾ら」と聞く。料金の表示標はない。毎日、何度となく通っている人でも料金を聞くのは、朝と夕方とでも料金が違うことがあるから。商売人は、高速が高くなると、急いで帰り店の値札を取り換えるそうだから、〝ホントかいな〟と思う。日本でいうETCもあるが、ほとんどが車列をつくるため朝夕は混雑する。ところが、6車線に8～10のゲートがあるために、うんざりするような待たされ方はしない。一般道路から高速に入って来る車も速度を落とさず、むしろスピードを上げるため、慣れない人たちはヒヤヒヤの連続だが、何事もなくスムースに流れていく。

よく働く子供　一般道路で信号待ちをすると、どこからともなく物売りやフロントガラスふきが出現する。民族衣装をまとったインディオの婦人たちもいるが、多くは少年少女たちだ。チョコレートなどの菓子類、飲み物、電気製品の付属物のコードやイヤホーンなども売っている。他方、横断歩道の中程では、ボールやバトンを数個使ってパフォーマンスをする子も。中学生以上の子は、練習をよくこなしているのであろう見事な手さばきを見せてくれる。小さい女の子が失敗だけしても続けるのが微笑ましい。金を得るのに一生懸命なのだ。技を売っていると言ってもいい。1人から2ペソをもらったとしても、半日では5人家族の1日の生活費を稼ぐという。

高架橋の下で丸々と太った婦人が2リットルのコーラを飲みながら座っていた。側の厚紙に何か書いてある。何と書いてあるか「私はお腹をすかしています」。いろんな暮らしがあるものだ。

■筆者が会ったバレラの人たち

フロレンシオ・バレラ市は地域が広くて、宣太郎が1966年に花卉栽培を独立経営した農業地域のラ・カピージャ地区も、現在も経営している靴のデパートもバレラ市にある。66年の頃、国道沿いには住宅はなかったが、現在は商店や民家が立ち並びバス停留所もある。苗木だった街路樹のユーカリは天を突くような大木に。宣太郎が大寒波の際、薪を買い入れ暖房の火をたき花卉を守り、大もうけをしたレンガ工場は見当たらない。連日モウモウとした煙を吐く工場は、住宅地から移らざるを得なかったのかも。当時、家を新築して成功者だと呼ばれた先輩が「アチ茶ー飲マァーやフユウナ者」（熱いお茶を常に飲もうと思う人は怠け者）と語り、家1軒建てるのに30年かかったことを聞いて、宣太郎が街に出る決心をした地である。今や宣太郎の〝靴のデパート〟のある街から車で15分しかかからない。

ボランティアに励む女医　名嘉村新子・アウロウラ。コロニア・オキナワ入植60周年記念祭典にアルゼンチンから大挙参加した際、空港での手続きやボリビア到着後のバス乗車の割りふりに懸命な女性がいた。旅行社の添乗員かと思ったら、ブエノスアイレス市内で病院を経営する医者だと知ってびっくり。いそがしい身でありながら県人会の婦人部長を引き受け、ボリビア親睦会を宣太郎が立ち上げた時は絶大な協力をした。

お年寄りが参加する国内旅行、隣国6国との親善ゲートボール大会にも付いて行く。子供や大人からもアウロウラと親しく呼ばれ、1世たちは健康面で頼りきっている。旅での楽しいひと時の夕食会に顔を出すことはマレ。病院との事務連絡や業務指示。翌日の日程調整から見学地との打ち合わせで多忙。それを表に現わさず、いつもの笑顔で世話係に徹する。5歳の時第3コロニアへ。努力を重ねた結果を隣人のおかげとボランティアに励む。

近代農業の2世　父・米蔵と農業をやり、父の代ではなし得なかった近代農業をしているエクトル・エドワルド諸喜田夫妻がバレラにいた。1棟80坪のハウスが40以上あり、野菜と花の苗を育てている。アメリカで研修を終えた諸喜田（父は今帰仁村出身）は、新しい農業を目指した。50～60メートルの地下水を確保し、全棟へスプリンクラーを配置。温度調整も自由にできる装置を施している。研究室では生育の段階ごとに温度や湿度の変化を見て、種まき、発芽に気を配る。作業のほとんどは自動だが、苗の取捨など手作業の必要なものは、作業員を雇っている。

ビニールハウスで苗を育てるエドワルド諸喜田さん

　青のジュータンを敷きつめたような圃場にはレタス、トマト、玉ネギ、ナス、カボチャ、ブロッコリー、キャベツ、ピーマンなどあらゆる野菜類が元気な顔を揃えている。苗を扱ってからは、取り引きにも無駄がなく、需要農家がひしめいている状況。

引退後は悠々自適　街では65歳を過ぎた人たち

は、悠々自適の生活を送っている。当山幸一（76歳・浜比嘉出身）は、前原高校を卒業後、父の呼び寄せでブエノスアイレスへ。若い頃から商才を発揮し、市内にジャズ喫茶店を開いた。一般市民的ではなかったが、店の雰囲気と地の利が重なって大繁盛。お客は主に商社マンとか地元のハイクラスの人たち。作家の開高健も顔を見せ、各国での釣り談義に花を咲かした時も。日本でカラオケが流行ったことにヒントを得て、いち早くカラオケ店をオープン。開店を待ちかねて、地下への階段から通りに列ができるほど。28年間もガンバッた。

高校時代から文学青年だったこともあって、書斎には各種の書籍がいっぱい。来亜する知人、友人には今でも日本の文豪の本を頼むほど。引退してからは読書三昧。好きなゴルフは文子夫人と。週1回の敬老サービスデーのプレー費はコーヒー料金より安い。

店員からゴルフ場経営者に　山城広美（66歳・今帰仁村出身）は、20歳に単身移住。有名な実業家が身元引き受け人だったが、山城が渡航中に事業が倒産。不安の気持ちで港に着いた。幸いに出迎えの中に今帰仁村出身がいて、そのままクリーニング店に勤めることになった。5年後、クリーニング店を独立経営。その間に同郷の仲宗根シオコと結婚。店の規模をどんどん広くし、チェーン店から集めた品を工場から配達するシステムをつくり、大忙しの毎日になった。

広美が沖縄に帰った１９９２年、同期生たちがゴルフに夢中になっているのを見た。アルゼンチンでも一般がゴルフをする時代が来るとにらんだ広美は、92年32ヘクタールの土地を買い、２年がかりで造成オープンした。20年順調に経営したのに、２０１４年突然ゴルフ場で倒れた。過労とストレスが原因だった。医師の助言でゴルフ場は手放した。体調は数カ月で回復した。今は世界を旅するプランを立てている。

第3章　オキナワ入植60周年

■ボリビアで記念式典と祝賀会

屋宜宣太郎が最初移住したボリビア（ボリビア多民族国）の、コロニア・オキナワ入植60周年記念式典が2014年8月17日、オキナワ日本ボリビア協会文化会館で開催された。沖縄県各市町村代表、ブラジル、アルゼンチン、チリ、パラグァイ、ウルグァイからの隣国移住者らが駆けつけ千人余が参列、60年の年月を振り返えりながら入植地の発展を祝った。両国国歌斉唱にはじまり、県町村会会長・志喜屋文康恩納村長、県市町村会代表・翁長雄志那覇市長、喜納昌春県議会議長、高良倉吉副知事ら9人が来賓の祝辞を述べた。

オキナワ村村長、サンタクルス県知事、国際協力機構、在ボリビア日本国特命全権大使、ボリビア多民族国大統領らは、不屈な闘志と誠実な精神で未開の原始林を切り開き、有望な農産業地域に変貌させた。苦労の連続の中でも子弟教育を忘れることな

コロニア・オキナワ60周年式典では豊年祭も開かれた

く、多くの傑出した人物を輩出し、ボリビア国家に貢献している、と賛辞をおくった。そのほか、県費留学生・屋良朝仁代表とＪＩＣＡ日系次世代育成研修生・中村麻衣代表が謝辞を述べ、祝賀会に移った。

■オキナワ村の村長さん

40～50年前に現在のコロニア移住地の発展と変容ぶりを誰が予測できただろう。入植初期の焼畑農業から徐々に大型機械化へと変わり、経営も1世から2世、3世と引き継がれ、今ではボリビアを代表する農業地帯として、安定した基盤を築いている。現在、移住地の日本人は約２５０世帯、９１４人で10年以来減少したまま。しかし、国内有数の農業産業地帯となった同地に移り住むボリビア人が多く、人口は急速に増加し、２８００世帯、1万2千人となっている。このような

入植60周年記念式典に合わせて、オキナワ・ボリビア歴史資料館では、写真展・資料展が開催されていて、往時の苦労を振り返っていた

状況からボリビア政府は1998年にオキナワ村を行政区と認可し、オキナワ村役場が設置された。村長選挙は当然あるが、県系人とボリビア人が交互に選出されている。現村長はディオニシオ・コンドリ氏。移住地内には公共施設、学校も増えますます人口の増加が見込まれている。余談だが出生した子供はボリビア多民族国オキナワ出身となる。移民した人々のおかげで、世界が近くなった。

■文化交流と友好関係

豊年祭は入植記念日の8月15日にあり、第18回目の今年は式典の前日。ここで改めて県系人と地元の融和がいかにうまく行っているかを知った。「8月15日通り」には文化会館、図書館、歴史資料館、学校があり、鳥居のある公園で豊年祭はあった。広場の四周に観客席を設けテントを設置。日本のまつりのように色々な出店が並ぶ。焼き肉の煙をかぎながらソーキそば、サーターアンダギーを食べる。広場では演舞が始まった。大きな輪の炭坑節、勇壮な祭り太鼓への合間には、民族衣装もきらびやかにボリビアの軽快な踊りが入る。10演目以上を代わる代わる両国の出し物があり文化の交流を満喫し、友好関係の深さを知る。

■ボリビア小麦の首都

オキナワ第1移住地に「琉球通り」というメインストリートがある。国道の両側にレストランやホテル、商店が立ち並んでいる。ゴーヤーや冬瓜など沖縄料理に欠かせない野菜やボリビアでは珍しい日本食も売られている。「オキナワ」の看板が目立つなか、商店名に比嘉、宮里、屋良、金城を見つけ、豆腐店や自動車修理工場、肉屋、金物屋の看板に接すると、「ハテナここは」という感じがする。42にも並ぶ事業所、商店のなかには移住地で生産された小麦を生産から加工、販売まで一貫して取り扱うコロニア沖縄農牧総合協同組合や若手の比嘉徹、渡口正徳、ソウミジャユキタカを代表とする大型工場がある。

移住地の生産物としては小麦、ソルゴー、とうもろこし、さとうきび、大豆、米。畜産では養豚、酪農、養鶏が盛ん。特に小麦は農牧総合協同組合が、3万5千トンを生産し、国内消費量の3割を占めるまでになっている。2002年にはボリビアの農務・畜産・僻地開発省から、オキナワ村に「ボリビア小麦の首都」とする政令が授与された。小麦は冬作の一番重要な作物で、現在1万5千ヘクタールが栽培されている。一方、コロニア内の農地はほとんど開発されており、今後はどのように生産を上げるかが課題となっている。また、基幹作物である大豆は、年間6万5千トン以上を生産しているが、コロニア以外で生産量の多い地域がある。ボリビア政府は第1から第2、第3コロニアを結ぶ道路の舗装を計画中だという。終戦後の沖縄の道路のような土けむりとデコボコ道が解消されれば、農業がもっと効率的になるのは間違いないだろう。

■農業以外の商業でも活躍

移住地以外でもウチナーンチュは活躍している。サンタクルス市内のロスポソスにはミニマーケットオキナワがあり、日本食レストランや日本からの輸入商品を扱う商店が並んでいる。市内には機械部品の輸入販売、オートバイ会社、印刷・製本会社、旅行会社、食品会社、薬局を経営するのも多く、農業以外の分野でも社会的責任を果たしている。また、ボリビアにはもうひとつの日本人移住地がある。イチロ郡サンファン市で、九州地方の移住者を中心に開拓された。稲作、大豆の大型機械化農業と養鶏、柑橘類の多角的な農業を営んでいる。

■国道に「めんそーれ」横断幕

第1移住地の国道をはじめて走ってびっくりするのは「めんそーれもうひとつの沖縄へ」「元気でいってらっしゃい」と大書された横断幕。沿道には赤瓦屋根で〝守礼の邦〟を飾ったカラオケ日本料理店もあり、ボリビアの地図にOKINAWAとあるのも納得がいく。

コロニアオキナワ青年未来宣言

入植60周年を記念して、コロニア・オキナワと沖縄の青年らが初めて連携し、2つのおきなわがつながる必要性を議論した。祖父母の故郷「沖縄」と生まれた「コロニア・オキナワ」をつなぐ重要性を参加者全員で確認し合い、沖縄アイデンティティーに触れる場となった。沖縄との交流、日本語の継承、地域活動など、これから青年らが作り上げるコロニア・オキナワの5年後の未来像を発表し活動宣言をいたします。

未来像1　コロニアと沖縄の交流

宣言1　5年に1度、コロニア・オキナワと沖縄の青年が協力して、沖縄の

アイデンティティーを考える場を作る
宣言2　今ある研修制度やイベントをさらに活用する（県費留学、海外市町村研修制度、世界若者ウチナーンチュ大会など）
未来像2　日本語継承
宣言1　青年たちが半年に1回、日本語について考える場を設ける。
宣言2　私達が親になった時に、日本語を教える姿勢をみせ、日常生活で使っていく。
未来像3　コロニア内の青年の新しい動き
宣言1　青年たちが合同でテーマに沿ったイベントを企画する（文化継承、カラオケ大会など）
宣言2　イベント終了後、反省会及び記録を行い次に活かす。
２０１４年８月17日
世界若者ウチナーンチュ連合会

サンタクルス市から各移住地への距離

第1移住地まで98キロメートル
第2移住地まで65キロメートル
第3移住地まで60キロメートル

サンタクルスから51キロにある標識から
第1移住地まで23キロメートル
第2移住地まで5キロメートル
第3移住地まで13キロメートル

■戦前からいた移住者の協力

入植60周年を迎えたが、これは1954年に琉球政府計画移住の第1次、第2次移民団が〝うるま移住地〟に入植した時から数えてのことで、それ以前に戦前からの移住者がいた。ボリビア在住の沖縄県出身者は、第2次世界大戦で廃墟と化した郷里・沖縄で苦しむ同胞を救済しようと1948年8月にラッパス市で「沖縄戦災救援会」を発足させた。同年11月にはベニ県リベラルタ町でも救援会を結成した。大戦により

サンタクルスから51キロ地点には、各コロニア・オキナワへの距離を表示した標識が立っていた。彫刻家の金城実氏らとともに

日本人の資産凍結や米国抑留による精神的ダメージを受けるなか、いち早く連携をとり、他県人にも協力を呼びかけた。リベラルタ救援会長の具志寛長は、救援活動を進めていく過程で「我々は募金活動をして沖縄に送金してきたが、郷土で苦しむ同胞を救うには、この大地に呼び寄せ〝沖縄村〟を建設して民族永遠の発展を図りたい」とサンタクルス市の赤嶺亀とラ・パス市の田里鳳彩に打ち明けた。すぐ岸本久語、中村角七郎ら全員の賛同を得て、サンタクルス県に国有地の払い下げを願い出た。

驚くことは戦後間もない時に、先輩たちはボリビア国に〝沖縄村〟の設立を目指していたことだ。高邁な識見は後世に見事なまでの〝オキナワ村〟誕生を実現させた。

翌1950年1月10日、岸本久語宅で、移住者受入事業設立総会が開かれ、「沖縄戦災救援会」は自然解消された。「受入事業」の実行委員長には具志寛長、委員に岸本久語、中村政吉、比嘉良健、具志寛一、山川宗徳、照屋光輝、久場良明が選出された。土地選定委員には具志寛長と岸本久語が選ばれた。

受入事業委員会の苦難がこれから始まった。具志寛長と岸本久語、赤嶺亀の3人はサンタクルス県の払い下げ可能な土地調査に出発した。3人はまず、サンタクルス市東方のブラジル鉄道架線工事中の地域へ馬で行った。グランデ河畔のバイラ村、対岸のパイロン部落周辺の土地事情の情報を集め、鉄道工事会社から地質について聞いた。さらにグランデ河に沿って北上し、途中の作物の生育状況などを調べた。案内人もいないまま、道のない原始林の中で野宿しながらの調査だった。製糖工場のある活発な村は、開発されて地価が高騰していた。適地と思われる所はすでに大地主が大型農業をしていたり、国有地はさらに奥地にしかなく、マラリア発生地域とあって土地選定は困難をきわめた。

3人はひと月ぶりにサンタクルス市に戻り、これまでの調査結果を総合的に検討。グランデ河、レマンソ部落の対岸にある個人所有地2500㌶《ヘクタール》が有望と結論した。早速、調査を開始。寒波で肌が切れるような河を徒歩で渡った。林や森、地質など良好と判断された。土地購入の交渉では事前の価格4500ボリビアーノスより値上げされた。長い交渉が続き、最終的に6000ボリビアーノスで売買が成立した。1950年8月27日、岸本久語宅で開かれた移住者受入事業第3回総会で、具志寛長は「土地は現在、交通は不便であるが、鉄道が開通すれば至便となる。東側には広大な国有地が隣接しており、移住地の拡張が容易である」と報告。この総会で土地を購入する名義を「うるま農業組合」とすることが決議された（後に「うるま移住組合」に変更）。

この総会で第1回入植者として久場良明、島袋庄七郎が選ばれ、会員からマチェテと呼ばれる山刀が贈られた。久場、島袋は選ばれたとはいえ、故郷のあとに続く移住者のため家族と共に、長年住みなれたリベラルタ町を後にジャングルの地へ移ったのである。その間、ボリビア政府への移住計画認可の手続きは進められていたが、赤嶺亀がラッパス市の島民会の崎浜秀行と比嘉繁雄の協力を得て、なかなか認可が下りなかった〝土地払い下げ認可書〟が１９５２年６月18日ボリビア政府から交付された。これによって、うるま移住組合の事業も軌道に乗り、ラッパス市で移住者入国許可の手続きが行われ、１９５３年４月20日、第１回移住者４００人分の入国許可証が交付された。

先にもふれたように、第１次移民国は、那覇港を54年６月19日に出発して45日間の航海を無事終え、ブラジルの〝移民の港〟サントスに着いた。さらに汽車でボリビアへ向かったが、文字通りのブラジル横断で鉄道開通直後だったサンタクルス市のバイロン駅までは７日間という長い旅だった。バイロン駅から入植地までの32キロの森林地帯の道程は、サンタクルス県交通課が５台のトラックを提供し、輸送に協力した。入植地中央部の移民受入宿舎の近くには、小さな小屋が建っていて、その小屋が受入委員会の現地事務所兼仮宿泊所だった。委員長の赤嶺亀、委員の具志寛長が寝起きして、久場良明、島袋庄七郎、比嘉良健一家と共に入植者の到着を待っていた。赤嶺らはボリビア人労務者を指揮監督しながら受入宿舎建設、原始林の伐採、山焼き（焼き畑）

などをして準備していた。宿舎東側には約１００ヘクタールの原始林が伐採されて、農作物がすでに植えられていた。移民たちの主食となる陸稲、ユーカ（いもの種類）、トウモロコシなどが栽培されていた。しかし、宿舎の長屋（幅８メートル、長さ１００メートルで真ん中を仕切った）１棟が完成しているだけで、もう一方の棟は柱だけが立っていて、屋根も壁もなかった。

９月14日、儀間真徳を団長、友利金三郎を副団長とする第２次移民団が到着。この時点でも受入宿舎は骨組みだけだった。施設は未完成だったが、ボリビア政府に提出した移住計画による第１期４００人全員が入植を完了したことになる。

第4章　あれから55年

■宣太郎初期の移住地

宣太郎一行がブラジルから汽車でボリビア入りをしようとリオ・グランデ（河）に着いた。先輩移住者たちが出迎えて、羊の肉をふるまってくれたが、橋は大雨のため決壊、流されていた。男たちは胸まで水につかり、女性は子供をおぶったまま、現地の人におんぶされ渡った。記憶は今も残る。そのパイラ地域の草原だった場所には、現在数10軒の民家があった。橋は改修され、タクシー運転手によるとその隣には日本の資本と技術、韓国と共同で完成した鉄橋がかかっている。約1キロを渡りきったパイロンは、掘立小屋の店が立ち並び、休憩所となっている。橋からブラジル国境まで560キロ。

グランデ河。雨期には1キロの川幅が満水状態となり海のようになる。時には氾濫し沿岸の牧場や畑、オキナワ移住地にも多大な被害を与えてきた。乾期（訪れた時）に

宣太郎氏がボリビア入りした最初の場所。立っているあたりに掘立小屋があった

なると表情は変り、川幅が２００メートル以内に狭まり、水位も浅く人や牛、車が渡れる。この状況は現在でも変らない。

サンタクルス市街地から車で1時間かけて第2移住地へ。50年前民家がなかった国道沿いに商店が並んでいる。国道からそれて移住地に行く道路は、砂ぼこりがひどく、対向車とすれちがうと一瞬、前が見えなくなる。道幅は2倍になった。道を覆っていた木々はなくなり青空がすっきり見える。周辺は高速道路の工事が始まったばかり。

第2移住地の本部でもある公民館敷地は広く、屋内ゲートボール場（昼間は暑くてプレー出来ない）もある。水に苦労した時代5キロ先からも水汲みに来た打ち込みポンプはここに1基だけあった。日常的に使っていた動物の糞も浮いていた沼は閉ざされ、屋宜宣順が青年の頃生け捕った大蛇やワニがいた密林は見渡す限りの小麦畑になっている。開拓時、橋がなく大雨の時、宣太郎がヤマカンダーのつるにすがって、ターザンよろしく越えた8メートルの川は石橋がかかっている。喜納しんすけの妻がお産で苦しみ、宣太郎が4キロの悪道をぬかるんだ土に膝までつかりながら、産婆さんを迎えに行った難儀した距離は、今や目と鼻の先に等しくなっている。

第2移住地で60年余も住民の心のケアに尽くしたミゲル・ゴールド神父

公民館近くに散在する住居は、豪農を連想させる高級住宅。大きさ、外観も堂々としている。公園、オキナワ第2分院、農産物集積所、ヌエバ・エスペランサ学校の公的施設がある中、新垣食堂、大田商店、翁長商店、金物屋が懐かしく建っている。また、入植時から現在まで住民の心配ごとの相談にのり、心のケアに尽くしてきたカトリック教会のアメリカ人宣教師ミゲル・ゴールド神父（87）の恩も深い。

■玉城輝俊一家（糸満出身）

第2移住地は1959年2月、1万6747ヘクタールが購入され同年4月、第1コロニアの換地者17家族と第6次移民16世帯が入植したのがはじまり。宣太郎が入植時に開拓道路上に建てた小屋の道幅は2倍になり、その後建てた住居は、現在も畑の中にあり改修されながら別の移住者が住んでいる。

　玉城輝俊（76）は宣太郎より1歳上で、入植時からの友人である。みんな等しく配分された50町歩（500メートル×1キロ）の土地は、アルゼンチンなどへ再移住した人の土地を購入。今では785町歩、約16倍に広がっている。昔、馬車にドラム缶3個を積んで沼から汚い水を汲んで来たが、今は地下水をくみ上げる装置を3台設置。おいしい水

玉城輝俊氏の牧場。1963年ごろ宣太郎氏の隣家で、互いに協力し合った

がいつでも大きなタンクに満タンとなっている。大雨の時、床まで浸水した屋敷は、かなり土盛りをして、庭にはパパイア、みかん、レモンとキャベツ、レタスなどの日常野菜、色とりどりの草花を植えている。大豆、トウモロコシ、ソルゴーを栽培しているが、力を入れているのは1000頭の放牧牛と乳牛。乳牛は1日2回しぼりで1回18リットル。月に2500リットルから3万リットルを出荷する。すべて電化で手間はかからないが、嫁や息子たちだけでは手に負えないので、現地の人たち多数を雇用している。糸満出身（旧高嶺町）で昔はみんなと同じように、血のにじむような苦労をしたが、今では人生の思い出となっており、晩酌を楽しみながら健康な1日に感謝している。

■安里秀博・博親子（名護・港出身）

オキナワ第3移住地は、1961年9月第2移住地に隣接する国有地1万8221ヘクタールが払い下げられた。1962年4月、第14次移民30世帯198人と第13次移民の一部16世帯が最初に入植した。1964年6月、第19次移民23世帯102人が入植し、琉球政府の計画移民の最後の入植者となった。

第3移住地は第2から13キロ。例にもれず土砂ぼこりの道を行く。キビ運搬車と度々

安里秀博（左から2人目）、博（同3人目）親子の豚舎。コンピュータで管理し、月1300頭を出荷している

出会う。ここの運搬車は20トンを2両連結で走行するので危なっかしい。たまにひっくり返ることもある（1度国道で見た）。第3移住地の途中で広範囲にまたがる養鶏場があったが、経営は日系人ではないという。この近辺には、キビ作700町歩や養豚を5000頭飼育、乳牛から1日3000リットルを搾乳する各農家がいるという。

安里秀博（59）は、第15次移民で7歳の時に入植した。父から譲り受けた土地を増やし、現在では1150町歩。多角的経営だが、何といっても主力は8090頭を前後する養豚。月に1300頭を出荷する。長男の博（26）が国立大学の獣医科を出て、2年前から専念するようになってから、方針がすべてコンピューター方式となり、より安全で安定な経営となった。広大な畑を活用して飼

第３移住地の小麦畑。奥にある機械で収穫される

料はすべて自家製品。幼豚、中豚、大豚のえさは区別する。ソルゴー、トウモロコシなど9種類の穀物を混ぜ合わせ、１日12トンを作るが、これもコンピューターによる数値に合わせ、自動的につくれる。給餌は朝5時と昼3時。母豚６８８頭いる舎も、他の豚舎も扇風機や霜ふりなどを設置。温度調整がなされている。分娩豚はカルテを見れば一目瞭然だ。人工授精は90パーセント以上成功している。出荷は5カ月頃からするが、アカラー（幼豚）は生後80日から。１００キロでは値段が高くつく。ちなみに年収は２０１１年が２８０万ドル（約2億円）。14年は3億円の売り上げを予想している。

養豚のほか、サトウキビ５００町歩、トウモロコシ３５０町歩、米２０００平方メートルを栽培する。農家の一部には、１台35万～40万ドルする麦刈り機を所有している者も少なくない。麦刈り機に付随するトラックや耕耘機などが並ぶ大型車庫が農場の中程にある。

第5章　ボリビアの不思議

＊交通　市内は昼夜交通ラッシュ。片方4車線の道路に6〜7台がひしめく。カーブを曲がる際は各車が先を争って突っ込んで来る。衝突と思った瞬間、どちらかがブレーキをかけ間一髪。この状態が1日中続く。しかし、5日間で事故を見たのはただ1件。ＰＯＬＩＣＩＡと書かれた警察車両とバスの追突だった。歩行者も信号は関係ない。信号は赤でも平気に渡る。特に、数人がいっしょになれば「赤信号みんなで渡れば怖くない」を地で行く。

＊歩道　商店街の歩道は屋台でいっぱい。パラソルで日除けもあるが、ほとんど青天井。みかん、リンゴなどの果物を箱から取り出し、手動しぼり器で紙コップに移し売る。ほこりも舞っているが、暑いためよく売れる。お菓子類も。卓上電話がある屋台も。自動販売機はない。

＊門構え　実に厳重だ。一般の家でも門は鉄の格子で二重の所も。先端はヤリのようにとがっている。塀はジャンプしても届かないほど高く、これまたガラス片が埋め込まれている。

＊悠長　8月18日晴れ。サンタクルス市内見学で午前9時にホテル前に集合。1台のバスは時間通りに来たが、あと1台が待てど暮らせど来ない。ツアー客はアルゼンチンから、ボリビア移住60周年の祝賀会に来た県系人。1時間過ぎても文句の声は出なかった。

＊ホテルや商店　昼から内カギがかかっていて、相手を確認してから扉を開く。商店街の店がひしめきあっている所は別だが、大通りでも酒類販売店などは特に警戒している。

＊市民はゆったり　県庁前は広い公園があって、高々と伸びる樹木の下には無数の

ベンチがあり、市民や観光客がいっぱい。人なれしたハトや鳥たちが群がる。博物館や植民地だったころの古い豪壮な建築物が偉容を誇っている。昼下がり若いカップルや老夫婦らが楽しく語らっていた。

＊田圃がなかった　大河があるのに田はなかった。米づくりは陸稲のこと。近年、若い農家の研究により、サンタクルス方面から流れてくる幅7～8メートルの川をせき止め、畑に入れている。農業が機械化によってできた。

■移住地の四季

1月　成人式＝20歳になる若者を祝福する。余興として毎年、沖縄角力大会が開かれる。

3月～4月　大豆の収穫

4月～5月　小麦の植え付け

稲の収穫

6月～10月　サトウキビの収穫

6月　コロニア・オキナワ縦貫駅伝大会＝第3から第1移住地までの37・2キロを雄大な自然を感じながら走り抜ける。コースには移住地の豊かな穀倉地帯が広がり、沿道にはたくさんの応援団が熱い声援を送る。

7月　コロニア・オキナワ大運動会＝第1～第3移住地、サンタクルスの地区別チームが、競い合い親睦を深める。

8月　豊年祭＝移住地の入植記念日8月15日に豊作を願い行う。移住地最大のイベント。広場ではエイサー、獅子舞、ボリビアの伝統的舞踊も数多く披露され両国の文化を一度に楽しむ。ソーキそば、サーターアンダギーで沖縄を感じる。

9月　小麦の収穫

10月～11月　トウモロコシの植え付け

10月～12月　稲の植え付け

11月～12月　夏作大豆の植え付け

亜熱帯気候に属するサンタクルスは、年間を通して様々な果物が味わえる。パパイア、グワバ、マンゴーなど季節によって市場に並ぶ。草原や民家、公園にもマンゴーの大木があり、8月に花を咲かす。

◆参考資料

ボリビア・コロニア沖縄入植25周年誌
コロニア・オキナワ入植50周年記念誌
アルゼンチンのうちな〜んちゅ80年史（㈳在亜沖縄県人連合会発行）
命と平和の語り部（石川宮森６３０会編）
アルゼンチンに活きる（玉城源五郎著、ニライ社）
土着の人・平良幸市小伝（同回想録刊行委員会編）
あるぜんちん沖縄県系人電話帳（屋宜宣太郎編纂、沖縄県人連合会）
日本語学校創立50周年の記念誌（フロレンシオ・バレラ日本人会編）
転住者達の融合と発展の軌跡（在亜ボリビア親睦会50周年記念誌）
コロニア・オキナワ入植60周年記念小誌

あとがき

　執筆は聞き取りから始まった。屋宜宣太郎本人は一時滞在なので、守り神の大獅子をアルゼンチンに送り出したら、自身も南米に渡る。約1カ月しか時間はなかった。当初、週2回の聞き取りだったが、途中から毎朝9時に会うことになった。前日、3時間聞いては書き、翌日は読み聞かせ。行ったこともない国のことで生活経験もないから、内容のくい違いがあったりして書き直しの連続。ひと月で聞き取りは一応終わった。帰国したあと年代や数字、人名、聞きもらした事、確認したい事が出てきた。電話に頼ったがお互い地球の裏側同士で時間がうまく合わない。書いているうちに現地の社会状況、地理、自然などが何もわからないことにあせりを感じた。

　8月10日は「うるま園」正門落成式典・シーサー除幕式がある。北米のテキサス州には娘2人の家族がいる。4年ぶりに孫たちに会って南米に足を伸ばそうと考えた。除幕式の1週間あとにボリビア移住60周年の記念式典があり出席した。ボリビアは宣太郎の最初の移住地。ブラジルから汽車でボリビア入りの際、大雨で橋が流され苦労して渡ったリオグランデも原生林の名残りもこの目で見た。第1、第2、第3コロニアの農地や牧場にも行った。大々的に営農する県系人の努力に頭の下がる思いがした。豊年祭と式典後の祝賀会ではウチナーグチが飛び交い、沖縄そば、サーターアンダギー、ヒージャ汁も出て、マーンカワラン、ウチナー。アルゼンチンとボリビアに行って、多くの人々と会った。ウチナーのチムグクルが実感として湧いてきた。多くの出会いに感謝して、宣太郎の知人・友人、その他の人もこの本には登場してもらった。取材を通してわかったことは、ボリビア2世とアルゼンチン2世は生き方が違うということ。ボリビアでは入植当時配分された土地50町歩（約15万坪）を徐々に買い足して、広大な農場を持つようになった1世は、息子らを農業関係の大学や専門学校に通わし、プロに育て上げた。機械化農業だけでなく、コンピューターを駆使した営農で多額の資産と収入を得ている。婦人たちは昔の苦労から解放され、今はお手伝いさんを2人から5人も使うほどの余裕で旅行を楽しんでいる。一方、アルゼンチンでは子弟は子供の頃から大学を目指し勉強を続けた。1世は洗濯業や洋裁業、カフェなどを生業としていたが、2世、3世は家業を継がず教師、医師、技師、弁護士のように社会的地位の高い職業を選んでいる。

ボリビアでは日系の移民のおかげで農業地が発展し、日本の近代的技術が導入され、陸橋や空港が整備された。国の発展に大きな貢献をしたと感謝されている。コロニア・オキナワが国から「オキナワ村」と行政区に認可された意義は大きい。

もし、筆者が南米に行ってさえなければ、この本は宣太郎個人の自分史にしかならなかったと思う。異国の地で成功した人もいれば、努力はしたが夢を果たし得なかった方もいただろう。移民の波乱に満ちた人生に敬意を表し、出会えた方々に心から感謝したい。

■付録　宣太郎から見た父

子だくさんの成功者　屋宜宣七

屋宜宣七は、父長久、母カマドゥの長男として１９０４（明治37年）７月25日、漢那地域城原で生まれた。父は与那原出身、母は元金武村字ギンバル出身、旧姓花城（ハナグスク）、生家は、篤農家であった。

徴兵検査で合格する新里嘉吉と同年兵であった。屋宜（ヤージ）、花城（ハナグスク小）、伊礼（イリ小）、大嶺（ユンタンジャ小）、四家族で黒糖工場（サーターヤー）を共同経営していた。朝は一番鶏と共に起き、製糖期は一年間で一番多忙であった。

１９４５年（昭和20年）防衛隊として平安座ついで首里、そして南部方面へ移動、戦線の陣地構築や砲弾運びに使役された。

共に行動していた宜野座出身と銀原出身（ギンバル）三名は地下壕の中に隠れていた。ギンバルンチュはキビ畑にキビを取りに行って米兵に撃たれ死亡、ギノザンチュは壕の中から外気を吸うために外に出たところで米兵に撃たれ死亡、宣七は二人の遺体を別々に埋めてあった。

米兵に壕を取り囲まれ毒ガスを打ち込まれたので、壕の中にいた日本兵と民間人は全員外に出た。宣七は日本兵と不審に思われ銃を向けられ撃たれるところを戦車から降りて来た一人の兵士の「待て」の命令で命は助かった。

そこから糸満の捕虜収容所に連行され収容所で民間人と押印された。その後軍用車に乗せられ美里のカンパンに連行され米兵の指示の下で毎日軍作業に徴発された。自由行動を与えられた宣七は、屋嘉に検問所（ＭＰヤー）があると聞いて山城（ヤマグスク）の山に入り恩名山、金武山、キセンバルにたどり着き帰宅したのが真夜中、無事帰宅し妻子全員が元気であった事に大喜びし生活も落ち着いた。

のちに宣七は、米兵に撃たれ戦死したギノザンチュとギンバルンチュの二人の遺骨を遺族を連れて取りに行った。

１９５９年ボリビア移民としてサンタクルス州第二コロニア沖縄へ入植、米作農業を営む。

１９６５年　アルゼンチンへ再移住、クリーニング店を営む。

１９９０年5月2日　他界。享年86。

（「宜野座村人会50周年記念誌」より）

筆者紹介
新崎盛文　あらさき・せいぶん
1943年具志川村（現・うるま市）生まれ。
1969年沖縄タイムス入社。編集局次長、取締役文化事業局長などを歴任。2004年～06年タイムス住宅新聞社社長。
著書に『歩いて会って書いた「今晩の話題」』（やえせプランニング、2011年）

南米大陸《なんべいたいりく》55年《ねん》の道程《みちのり》
屋宜宣太郎の軌跡と移民の現在

2015年7月10日　初版第1刷
2015年8月10日　初版第2刷

著　者　新崎盛文
発行者　屋宜宣太郎
発売元　沖縄タイムス社
出版部　電話 098-860-3591
印　刷　文進印刷

ISBN978-4-87127-664-1　C0095